UNE PAGE D'HISTOIRE

DE LA CIVILISATION

La Suède

ET LA

Révolution Norvégienne

PAR

Alfred MOHN

PARIS
LIBRAIRIE FISCHBACHER
33, rue de Seine

GENÈVE
SOCIÉTÉ « ATAR » S. A.
Corraterie, 12

UNE PAGE D'HISTOIRE

DE LA CIVILISATION

La Suède
ET LA
Révolution Norvégienne

PAR

Alfred MOHN

PARIS
LIBRAIRIE FISCHBACHER
33, rue de Seine

GENÈVE
SOCIÉTÉ « ATAR » S. A.
Corraterie, 12

Avant-Propos

Si plus d'un événement contemporain — l'affaire Dreyfus, entre autres — n'avait convaincu le signataire de ces pages de la difficulté d'écrire l'histoire, les faits dont la péninsule scandinave a été le théâtre en 1905 lui auraient ôté toute illusion à cet égard. Dans l'amas de poussière soulevé par le choc des passions adverses, des affirmations et des interprétations contradictoires, les spectateurs les plus proches eux-mêmes ont peine à discerner la vérité. Qu'en doit-il être pour ceux qui ne voient les choses que de loin ou ne les connaissent que par ouï-dire ! En dehors de la Scandinavie, l'opinion qu'on s'est formée sur les faits dont il s'agit, repose surtout sur les assertions de publicistes norvégiens. En effet, tandis que la Suède, forte de la justice de sa cause, peut-être aussi par suite d'une certaine nonchalance naturelle, négligeait ou dédaignait d'en appeler au jugement de l'étranger, ou répugnait à le faire, la Nor-

vège exportait à profusion les articles de journaux et les brochures destinés à lui concilier les sympathies du monde civilisé. Le procédé n'a rien que de légitime, et la Suède aussi a fini par y recourir, mais trop tard, à une époque où les positions étaient déjà prises, les idées arrêtées, les esprits tellement imbus de la thèse norvégienne que seules les personnes à l'ouïe très fine étaient capables encore de percevoir le son de « l'autre cloche. »

Et puis, si tout le monde a le droit d'éclairer l'opinion avec sa lanterne, que dire de ceux qui vous lancent dans les yeux l'éblouissante lumière d'un projecteur électrique ? Les publicistes dont nous parlons ne se sont pas toujours abstenus de ce mode d'éclairage vraiment par trop moderne[1]*. Il en est un, en particulier qui l'a employé d'une façon systématique et qui doit être nommé : c'est Nansen. Fort de sa réputation universelle, avec l'assurance du voyageur qui vient de loin, l'illustre explorateur s'est rendu à Londres. Et dans cette capitale du monde politique, où la Suède était*

[1] Voyez, Erik B. Rinman : *Fiction and Fact about the Scandinavian crisis.*

représentée par un aimable académicien, diplomate à ses heures, tout occupé de savantes recherches sur la reine Christine (morte en 1689), il a déployé une activité intense, se livrant, dans le Times *et dans une brochure traduite en plusieurs langues, à ce qu'il faut bien appeler d'audacieuses déformations de la vérité.*

Voilà pourquoi il importe que tous ceux qui ont quelque chose à dire le disent.

A part de rares articles de journaux, il n'a paru jusqu'à ce jour en français, qu'un seul ouvrage consacré au conflit suédo-norvégien. Il a pour titre : Un nouvel Etat Européen : la Norvège indépendante[1]. *Un grand journal suédois, le* Stockholms Dagblad *en parle en ces termes : « Ce livre n'est qu'une paraphrase vivement menée de la thèse norvégienne. » Et le* Svenska Dagbladet *de même, dit de l'auteur : « La façon dont il reproduit ce qu'il a entendu dans les deux pays et ce qu'il a lu dans les publications suédoises et norvégiennes montre déjà qu'il voit tout le temps les choses à travers les lunettes qu'on lui a*

[1] A Genève, chez Atar ; à Paris, à la librairie Fischbacher.

bienveillamment données à Christiania. Il n'a, en général, pas grand'chose de plus à dire que ce qui pouvait se lire dans les journaux norvégiens [1] ».

Le présent opuscule se compose essentiellement de lettres écrites de Stockholm au Journal de Genève, *dont l'auteur était le correspondant. On n'y a fait que les modifications nécessitées par la mise au point. On a retranché, en particulier, tout ce qui se rapportait à une polémique fastidieuse et qui n'a plus aujourd'hui d'intérêt pour*

[1] L'ouvrage est instructif d'ailleurs. On y apprend que, comme « Rome avait son Sénat, la Norvège a son Storthing » qui siège dans une « abside romane » en face de laquelle s'élève « le théâtre où l'Eschyle et l'Euripide norvégiens exaltent les rêves et les énergies de la race ». On y lit que ces gens (les Norvégiens) vont de l'Agora au Pnyx et du Pnyx à l'Agora » sans pourtant que ce soient « des Grecs. » On y rencontre une société aussi nombreuse que choisie. Voici Nansen, qui se rend « aux coulisses du Storthing, » « tel Mercure, le messager des dieux. » Voici, outre les vivants et les morts déjà nommés, MM. de Tourville et Demolins, Renan et Rabelais, Voltaire et Jean-Jacques, Platon et Aristote, Calvin et Servet, Montesquieu, Grieg, Mme de Staël, d'autres encore. Quel dommage que tant de savantes réminiscen-

personne. On a ajouté par contre un chapitre conclusif, intitulé « Cuique suum[1] », *qu'on se permet de signaler tout spécialement à l'attention du lecteur, et un appendice destiné, d'une part, à exposer quelques-unes des raisons qui ont décidé les Norvégiens à conserver la monarchie, de l'autre, à montrer comment en Norvège aussi les hommes courageux et droits commencent à publier tout haut ce que beaucoup se disent tout bas.*

Ce n'est point ici une « histoire » du conflit suédo-norvégien et moins encore une histoire de l'union. On s'est borné à raconter avec les réflexions qu'ils suggèrent les faits essentiels dont la connaissance est nécessaire à l'intelligence de la crise, tels qu'ils apparaissaient à un étranger domi-

ces ne servent qu'à enguirlander la thèse norvégienne ! Dès qu'il parle de ce qu'il a vu et entendu en Suède, l'auteur est d'un laconisme désolant. Il ne rapporte avec un peu de détails que les dires de A. Hedin, dont l'attitude, dans ces questions, a toujours été celle d'un opposant quand même. Il est vrai qu'il était, nous assure-t-on, le « Démosthène » de Oscar II et qu'il y avait de plus en lui « du Socrate et du Voltaire. »

[1] « A chacun ce qui lui revient ».

cilié en Suède depuis plusieurs années, et qui a suivi d'assez près le mouvement de la vie politique dans la péninsule scandinave. On s'est proposé surtout de mettre en lumière le rôle joué par la Suède d'une nation pacifique avec dignité, et le grand service qu'elle a rendu ainsi à la cause de l'humanité.

Qu'il me soit permis de remercier, en terminant, pour l'aide et l'appui qu'ils m'ont si obligeamment accordés : MM. G. Boström, ancien président du Conseil, chancelier de l'Université ; Ch. Lundeberg, ancien président du Conseil, vice-président de la première Chambre ; le baron Marks von Wurtemberg, membre du gouvernement actuel, ancien conseiller à la Cour suprême ; et le Dr Cavalli, membre de la première Chambre, président du Conseil d'administration du Comptoir de la Dette de l'Etat.

Alf. Mohn.

Stockholm, février 1906.

I

La question des consulats

Stockholm, 3 février 1903.

Le bruit des dissentiments qui existent entre la Suède et la Norvège a plus d'une fois franchi les limites de la péninsule scandinave.

Ces deux peuples, également sympathiques, mais de tempéraments si différents, que les accidents de l'écorce terrestre ont réunis sur la même presqu'île, et les vicissitudes de l'histoire sous le même sceptre, entretiennent des rapports plutôt difficiles.

Au point de vue politique, s'entend.

Car, pour le reste, dans tous les domaines de la vie sociale, l'harmonie règne, et la cordialité. Les mariages entre Suédois et Norvégiens sont fréquents. Pendant la belle saison, c'est-à-dire en hiver autant qu'en été, les deux nations font échange de touristes et assaut d'amabilité. Sur le terrain religieux ou scientifique, comme sur celui de l'hospitalité, elles se rencontrent souvent, et dans la même sincère bienveillance.

Mais la politique les divise. Et quand la politique est en jeu, ces frères jumeaux, siamois, serait-il plus juste de dire, deviennent des frères ennemis. Aussi n'est-il pas de sujet qu'ils évitent dans leurs relations privées avec un soin plus inquiet.

Aux Suédois il n'en doit rien coûter : ils ne l'abordent guère, même entre eux. En Norvège, au contraire, la vie politique est intense, dans toutes les couches de la population. Les écoliers déjà s'initient à ses mystères et ont à la bouche les grands mots que les partis se jettent à la tête.

D'où une autre différence. Dans leurs différends avec leurs remuants voisins, j'observe que les Suédois gardent toujours un certain calme, sceptique ou résigné, et témoignent, en général, de dispositions conciliantes. Tandis que du côté norvégien, où l'on est volontiers radical, ombrageux aussi, par conséquent, les passions se montent davantage, se font souvent intransigeantes et provocantes. La Norvège a fait depuis quelques années des armements considérables ; elle a renforcé sa flotte et son armée. Et des officiers supérieurs même, des personnages officiels ne se gênent pas pour déclarer tout haut que ces préparatifs sont dirigés contre la nation sœur, que l'on accuse de noirs desseins, et qu'on menace d'irritants *quos ego*. Voilà où l'on en est.

Il faut dire que la génération actuelle souffre, ici comme ailleurs, des conséquences d'une situation qu'elle n'a pas créée. Par suite de ce que l'on peut bien appeler une erreur initiale, commise en 1814, à l'époque de l'union, la Norvège s'est trouvée vis-à-vis de la Suède dans une position d'infériorité politique qu'elle devait, à la longue, ressentir comme une humiliation. Elle n'était pas moins libre, certes — le royaume-uni en remontrerait à plus d'une république par le libéralisme de ses institutions, de sa Constitution et de l'esprit dans lequel les lois y sont interprétées — mais elle n'avait pas tout à fait les mêmes droits. Les Suédois ont reconnu depuis longtemps l'injustice de cet état de choses, et proposé des mesures tendant à mettre les deux pays sur un pied d'égalité. Mais les Norvégiens, qui s'en seraient peut-être contentés jadis, réclament davantage aujourd'hui.

Au fond, qu'ils se l'avouent ou non — et beaucoup l'avouent à eux-mêmes et aux autres — c'est la séparation qu'ils poursuivent. Et la séparation se fera, il ne faut pas se le dissimuler. C'est une affaire de temps. Les Suédois eux-mêmes ne me paraissent pas se faire d'illusions à cet égard.

L'avenir, toutefois peut en appeler de ces prophéties. L'ogre russe, en train de dévorer la Finlande, sous l'œil bienveillant de l'Europe, suit de très près pourtant les mouvements de ses voisins scandinaves et se sent certainement d'appétit à leur faire subir le même sort. Leurs divisions sont faites pour lui plaire, et c'est lui qui profiterait de l'affaiblissement qui résulterait pour chacun de leur séparation. Il ne demanderait qu'à étendre sa grosse patte jusqu'à l'océan Atlantique, sur lequel il y aurait intérêt pour lui à posséder un port. Et il ne prend même pas la peine de cacher son jeu : déjà, en effet, nous avons pu assister il y a deux ans à une véritable invasion d'agents russes qui, généralement déguisés en ouvriers, sillonnaient le pays en tout sens.

Les Suédois se montrent conscients du

danger. Les Norvégiens ne veulent pas encore le reconnaître. Mais ils y arriveront un jour. Et alors qui sait si le souci de la défense commune n'aura pas raison d'antipathies qui ne doivent pas être irréductibles et ne resserrera pas les liens qu'une sorte d'incompatibilité d'humeur tend aujourd'hui à dénouer ? L'instinct de la conservation est un ciment puissant.

*
* *

En attendant, voici les derniers événements. Les Norvégiens après avoir exigé que le symbole de l'union disparaisse du pavillon de leur marine marchande, qu'ils voulaient « pur », demandent maintenant à avoir leur propre ministre des affaires étrangères. En l'état actuel des choses, chacun des deux pays a son conseil des ministres, son Parlement, son budget, son autonomie enfin. Seules, les relations extérieures sont dirigées par un ministre qui leur est commun et qui doit être Suédois. Cette dernière close, la nation privilégiée offre de l'abolir : il lui paraît juste que la Norvège ait le même droit qu'elle-même à fournir le titulaire de ce département. Mais elle se refuse énergiquement à un dédoublement, disant, avec raison, que ce serait la dissolution *ipso facto* de l'union. Celle-ci ne subsisterait plus, en effet, que par la personne du souverain. Mais le moyen, pour un roi, de régner sur deux peuples qui suivraient une politique différente et peut-être même diamétralement opposée ! Le jour viendrait bientôt, évidemment, où il lui faudrait se prononcer entre eux, où la force des événements briserait ce dernier lien.

C'est sur cette question que se livreront un jour les grandes batailles. Il en est une autre, moins grave en apparence, mais qui, en provoquant des tiraillements, contribue à irriter les esprits et qui touche de près, d'ailleurs, à la précédente. Les Norvégiens voudraient avoir leurs propres consuls chargés seuls du soin de leurs intérêts économiques. Jusqu'à présent, le consul représentait les deux pays, mais pouvait appartenir à l'un ou à l'autre, indifféremment. Les Suédois consentent, en principe, au changement demandé. Mais ils ne jugent pas possible de séparer la question des consulats de la question diplomatique, la première ayant avec la seconde, — à notre époque surtout, où les considérations économiques tendent de plus en plus à dominer les relations internationales, — des rapports étroits et qui doivent au moins être précisés. On nomme donc une commission mixte, chargée d'examiner ce point. Ses membres ne parviennent pas à s'entendre. Les gouvernements des deux pays intéressés engagent directement alors des négociations. Elles duraient depuis octobre dernier et se poursuivaient, laborieuses, quand, dernièrement, le Storting (c'est le nom de l'unique Chambre norvégienne) faillit les compromettre en demandant, par un ordre du jour proposé par son président, que la question des consulats fût disjointe de celle de la représentation diplomatique et du ministère des affaires étrangères, et résolue dans le sens des vœux de la Norvège. La droite, d'accord avec la gauche sur le fond, mais pour qui la question est purement économique, tandis qu'elle est politique surtout pour la majorité radicale, la droite refuse sagement et correctement son adhésion. Mais, chose étrange, le président du conseil appuie cet ordre du jour et sans même en avoir informé d'abord les ministres délégués à Stockholm. De sorte que, lorsque leurs collègues suédois demandèrent à ceux-ci communication du texte de la résolution votée par le Storthing et des déclarations ministérielles, ils ne purent le fournir. On ne crut pas, dans ces conditions, et du côté suédois, pouvoir poursuivre les négociations, dont l'interruption fut communiquée au public par une note officielle qui causa une vive émotion dans tout le pays.

*
* *

Il est difficile d'apprécier impartialement la politique d'un pays étranger, et je ne m'aventure sur ce terrain qu'avec circonspection. Il est bien permis de trouver singulière pourtant cette intrusion d'un Parlement dans des négociations régulièrement engagées et poursuivies entre les gouvernements de deux pays, cette tentative de solution violente d'un problème dont il ignore les données. Il s'en faut, d'ailleurs, qu'en Norvège même elle rencontre l'approbation générale. Il y a là un précédent d'autant plus dangereux que les décisions du Storthing, Chambre unique,

Parlement irresponsable, peuvent se passer de la sanction royale, dès que la majorité les a confirmées trois fois.

On dit que les derniers événements ne sont pas étrangers à la décision prise par le roi, sur le conseil de ses médecins, de se décharger pour un temps du fardeau du pouvoir. Le prince royal, qui a assumé la régence, est celui qui récoltera un jour ce que sème le présent.

Quoi qu'il en soit, le moment était venu d'esquisser à grands traits une situation dont il ne faut pas s'exagérer la gravité, mais assez troublée pourtant pour avoir donné à plusieurs l'impression d'approcher d'une nouvelle crise. L'intérêt de ces querelles de famille peut paraître médiocre à des lecteurs du continent : mais n'oublions pas que tout tient à tout.

II

La situation politique en Norvège. — La nouvelle Chambre et le nouveau ministère.

Stockholm, 22 octobre 1903.

La première session du nouveau Parlement norvégien vient de s'ouvrir. On sait que la Norvège n'a, en réalité, qu'une seule Chambre, le Storthing, (stor, grand, thing, assemblée, conseil.) Mais dans les questions de législation pure, ou en cas de mise en accusation des ministres, celui-ci se divise en deux sections, le Odelsthing et le Lagthing.

Le Storthing compte actuellement 117 membres. Il est élu au suffrage universel, mais au scrutin à deux degrés, pour une période de trois ans, durant laquelle il ne peut être dissous. Les élections durent plusieurs semaines. Celles qui viennent d'avoir lieu ont fait passer la majorité de gauche à droite.

Ce résultat était attendu. Le ministère Blehr s'était rendu impossible. Accumulant les fautes, il n'avait su faire ni de bonne politique ni de bonnes finances. Le chiffre des impôts et celui de la dette publique se sont accrus, au cours des dernières années, dans des proportions tout à fait anormales. La cause déterminante de la chute du gouvernement paraît avoir été cependant l'attitude irrésolue et équivoque qu'il a prise dans la question des consulats.

On sait que, sur le désir de la Norvège et après de laborieuses négociations, que, plus d'une fois, les mal intentionnés faillirent faire échouer, les deux pays avaient conclu, *le 24 mars* dernier, un accord préliminaire, formulé dans un *communiqué* officiel, et qui posait le principe d'une séparation de leur représentation consulaire. Il avait été stipulé que l'organisation du nouvel état de choses, notamment la situation des consuls par rapport au ministre des affaires étrangères, serait réglée par des lois identiques et qui ne pourraient être modifiées ou abolies que par consentement mutuel.

A peine conclu, cet accord devint l'objet de la part de certains radicaux norvégiens amis des solutions violentes et au fond peu soucieux peut-être du maintien de l'union, d'interprétations destinées à en affaiblir la portée et même à lui ôter toute signification.

Mais aussitôt, dans le pays tout entier, à gauche comme à droite, de vives protestations se firent entendre contre ce manque au moins apparent de loyauté, et une scission se produisit dans le parti radical. On s'aperçut bientôt que le cabinet lui-même était divisé. Tandis que certains de ses membres étaient pour l'acceptation franche et sans réserve de l'accord, d'autres se montraient partisans avoués ou cachés d'une intransigeance belliqueuse. De ces derniers, les plus sincères, ou les plus décidés, en tous cas les plus compromis, Stang et Konow, durent se retirer. Le représentant le plus en vue des radicaux modérés était Ibsen, le fils même du mordant auteur des *Soutiens de la société* ; faisant partie de la délégation du ministère qui réside à Stockholm, il avait pris aux négociations une part importante. Quant au président du Conseil, il évitait de prendre parti et, ménageant prudemment la chèvre et le chou, se conduisait de telle sorte que personne ne savait s'il voulait la guerre ou la paix. Mais cet excès de prudence, imputable à des préoccupations électorales, lui fut fatal. Il lui suscita, dans les rangs mêmes de ses amis, un adversaire redoutable. L'illustre poète Björnson, qui — à la différence de son non moins illustre compatriote, le cosmopolite Ibsen — a toujours pris une part active à la vie politique de son pays et que la passion a parfois entraîné à des démarches étonnantes — n'est-il pas allé jusqu'à publier dans des journaux russes des articles hostiles à la Suède ! — mais qui a l'âme droite autant qu'ardente, dénonça, dans une campagne de presse et de discours, que ce septuagénaire mena avec la fougue de la jeunesse, la duplicité du ministère. Et le peuple, qui aime les situations claires et les hommes qui jouent franc jeu, lui donna raison aux élections. Malgré son alliance avec les socialistes, le gouvernement fut battu.

Nous disons le gouvernement. La victoire qu'elle vient de remporter, la droite ne la doit pas, en effet, à ses troupes seulement. Si elle l'a gagnée, c'est avec l'appui de nombreux radicaux, qui ne voulant pas faire le jeu des socialistes, réprouvant, d'ailleurs, les fanfaronnades et les violences dans les négociations avec la Suède, préoccupés enfin de la grave situation financière du pays, ont eu le courage de s'affranchir du mot d'ordre de parti. A proprement parler, il ne s'agit donc pas d'une défaite des radicaux et d'une victoire des conservateurs. Ce qui a été renversé, c'est plutôt un régime ; et c'est un programme surtout qui vient de triompher.

Il est évident, dès lors, que la nouvelle majorité n'aura pas une tâche facile. Forte de quelques voix seulement, elle souffrira plus d'une fois peut-être, de son défaut d'homogénéité. Elle supportera aussi, et le pays la tiendra pour responsable, sans doute, de bien des conséquences des fautes commises par le gouvernement qui vient de succomber...

Mais on a le droit d'attendre beaucoup du nouveau premier ministre et de ses collègues. Jusqu'au dernier moment, le cabinet Blehr semble avoir hésité à se retirer. Il lui a bien fallu pourtant finir par se rendre à l'évidence et reconnaître que la place était désormais intenable. A l'heure où j'écris ces lignes, sa démission a été officiellement acceptée par le roi ; et si la composition du ministère qui le remplacera n'est pas encore officiellement connue, les bruits qui circulent à cet égard sont assez fondés, sans doute, pour qu'il soit permis d'en tenir un compte sérieux. Ce qui est certain, dès à présent, c'est qu'il aura pour chef un homme que le Storthing vient déjà d'appeler à le présider, *M. Hagerup*, professeur de droit à l'Université de Christiania et député de cette ville.

Juriste éminent, travailleur infatigable, le Dr Hagerup, qui est né en 1853, arrive pour la seconde fois au pouvoir. Il était, de 1895 à 1898 aussi, à la tête d'un ministère de coalition. Il s'est signalé, au cours de la précédente législature, comme chef de l'opposition, dont il a été en toute occasion le porte-parole très écouté, très actif. Le résultat des dernières élections est en bonne partie son œuvre. Il a la réputation d'un esprit élevé à la fois et pratique, modéré sans faiblesse, conservateur sans parti pris, ne boudant pas aux progrès nécessaires, favorable, par exemple, au droit de suffrage des femmes. Il aura pour principal collaborateur M. Sigurd Ibsen, membre de la gauche, qui aura, comme lui, le titre de « ministre d'Etat », et qui, avec deux autres

« conseillers d'Etat » sans portefeuille représentera le gouvernement à Stockholm. En ce qui concerne les rapports des deux pays, le nom de ce premier lieutenant du Dr Hagerup est un gage de paix.

Le reste du ministère sera pris, par moitié, dans la droite et dans la gauche parmi les hommes d'affaires et d'action pratique plutôt que parmi les politiciens purs. On mettra aux cultes et à l'instruction un pasteur, M. Hauge; au commerce et à l'industrie le directeur des postes à Christiania, M. Schöning; aux finances, un négociant, ancien ministre, M. Birger Kildal ; un ingénieur, M. Hansen, au département du travail ; un propriétaire, M. Mathiesen — à peine âgé de trente-trois ans — au département de l'agriculture ; un lieutenant-colonel, M. Strugstad, à celui de la défense nationale ; et l'on délèguera à Stockholm, avec M. S. Ibsen, un armateur et un juriste, MM. Michelsen et Vogt.

Tous ces hommes sont avantageusement connus, et le ministère de coalition qu'ils constituent rencontre, en général, un très favorable accueil. On lui fait crédit d'une confiance que l'avenir justifiera, nous l'espérons. Il est, en tous cas, permis d'espérer que son arrivée au pouvoir détendra les rapports très peu satisfaisants qui existaient en ces dernières années entre la Suède et la Norvège, et qu'à une période de suspicions réciproques, d'agitations violentes et dangereuses va succéder une ère plus calme, où des négociations graves seront conduites dans un esprit de mutuelle bienveillance. Ce ne serait déjà pas si peu.

III

Susceptibilités nationales

Stockholm, 18 janvier 1904.

Un petit trait qui éclaire la psychologie du peuple norvégien. On sait avec quelle ardeur ce peuple a lutté pour obtenir un drapeau « pur », c'est-à-dire débarrassé du signe de l'union. Cette œuvre d'épuration, il la poursuit avec persévérance, conséquence et intrépidité dans tous les domaines. Il y a quelque temps, si absorbés qu'ils fussent par la question des consulats, les journaux ont fait subir aux livrées des laquais royaux un minutieux examen, pour s'assurer qu'il ne s'y trouvait rien à reprendre, au point de vue norvégien, ni dans les formes ni dans les couleurs. Boutons, parements, cocardes, tout a été mis sous le microscope. Le résultat de l'enquête est favorable : on reconnaît que la livrée est « unionelle », à l'exception pourtant de la doublure qui est jaune, donc de couleur suédoise, ce qui, dit-on, ne saurait se supporter et appelle une réforme.

P. S. — On cite ce fait à titre d'exemple, d'indice caractéristique d'un état d'esprit général qui n'a pas peu contribué à envenimer les relations entre les deux peuples. Nansen lui-même reconnaît la susceptibilité de ses compatriotes et l'explique par la défiance naturelle du plus petit à l'égard du plus grand. Quelque explication que l'on donne de cet état pathologique, c'est un fait connu de tous que les gens susceptibles sont impossibles à contenter. La meilleure volonté du monde s'y efforcerait en vain.

IV

Le Riksdag. — La question des consulats

Stockholm, 18 janvier 1905.

Les deux principales questions dont le Riksdag aura à s'occuper pendant la session qui vient de s'ouvrir sont celles de la réforme électorale et des consulats.

....

Cette dernière cause aux deux pays de la péninsule scandinave les plus grands soucis. Le discours du trône déclare ne rien pouvoir communiquer encore de l'état des négociations. Mais on sait que celles-ci sont laborieuses, que l'entente ne parvient pas à se faire et paraît impossible entre les représentants de la Suède et ceux de la Norvège.

Après de longues et pénibles négociations, on s'était mis d'accord sur le principe de la séparation. Mais il avait été convenu que les lois qui en règleraient l'application auraient dans les deux pays la même teneur. C'est sur le texte de ces lois qu'on ne parvient pas à s'entendre aujourd'hui.

Rien d'officiel n'est connu. Mais la grosse difficulté paraît être la question des rapports des consulats avec le ministère des affaires étrangères, qui est commun aux deux pays, mais ne peut, d'après la constitution actuelle n'avoir pour titulaire qu'un Suédois. Les Norvégiens prétendent que leurs consuls dépendent exclusivement d'eux-mêmes et de leur propre gouvernement. Les Suédois objectent que les questions économiques peuvent dégénérer facilement en questions politiques et qu'il est nécessaire que le ministre ait sur les consuls un certain droit de contrôle.

Mais au sein même du ministère suédois des divergences de vues se sont produites. Si M. Lagerheim a quitté récemment le ministère des affaires étrangères, c'est surtout peut-être parce qu'il voulait aller plus loin que son chef, M. *Boström*, dans la voie de l'acquiescement aux exigences norvégiennes. Le président du conseil revendique pour le ministre le droit de destituer un consul norvégien dans des cas « diplomatiques ». A quoi les Norvégiens refusent absolument de consentir. Des conciliateurs se sont entremis, qui proposent d'autoriser le ministre, dans les cas urgents, à « suspendre » le consul, en attendant que son gouvernement statue définitivement après enquête. Mais les Norvégiens ne semblent pas vouloir accepter davantage cette suspension. Et les esprits sont très montés dans leur beau pays. On crie à la « grande trahison » ; on profère des menaces ; on parle de dissoudre l'union ; n'est-on pas allé jusqu'à sommer les coureurs de skis de ne pas prendre part aux Jeux scandinaves qui doivent avoir lieu à Stockholm le mois prochain, au cas où le gouvernement suédois ne cèderait pas immédiatement aux exigences norvégiennes ! Comme si le comité des jeux y pouvait quelque chose ! Mais ce petit trait donne la mesure de l'irritation des esprits.

Qu'adviendra-t-il de tout ceci ? Une crise ministérielle, totale ou partielle, se produirait prochainement, soit en Norvège, soit en Suède, soit même dans les deux pays, qu'il ne faudrait pas être trop surpris. *Mais après ?*

V

La Rupture de l'Union

Stockholm, 9 juin 1905.

Voilà donc la Norvège entrée dans la voie de la révolution. C'est l'aboutissement logique, prévu — mais qui n'en est pas moins déplorable — d'une politique dont je vous ai fait pressentir il y a longtemps déjà les véritables intentions. Quoiqu'on y fût préparé, cette solution violente a pris par surprise, tant la marche des événements a été rapide au cours des dernières semaines.

Vous savez que le coin dont le parti radical s'est servi pour faire sauter le pacte d'union avec la Suède est la question des consulats. Les politiciens de la gauche, ayant obtenu, l'une après l'autre, diverses réformes qu'ils avaient âprement réclamées, et cherchant un nouveau sujet de querelle, ou, si vous le préférez, un nouveau prétexte pour leur agitation, s'avisèrent un beau jour que la dignité de leur pays exigeait que la Norvège eût ses propres consuls.

Cette coûteuse réforme, les principaux intéressés, les armateurs et les négociants la déclarèrent inopportune.

Mais les journaux s'entendirent à exciter l'amour-propre de leurs lecteurs et c'est ainsi que la question des consulats devint bientôt une question d'honneur national sur laquelle on se persuada qu'il était impossible de transiger.

Voici, dès lors, brièvement résumées, les diverses phases du conflit. Des négociations s'engagent entre la Suède et la Norvège, qui aboutissent à un accord préliminaire. Le « communiqué » du 24 mars 1903 pose en principe que chacun des deux pays aura ses consuls distincts dont la situation, par rapport au ministre des affaires étrangères, sera réglée par des lois identiques, qui ne pourront être modifiées ou abrogées que par consentement mutuel.

C'est sur le texte de ces lois que l'entente ne parvient pas à se faire. Les Norvégiens semblent n'avoir lu que la première partie de ce document, celle qui reconnaît à leur pays le droit d'avoir ses propres consuls [1]. Ils ne veulent, en tout cas, rien

[1] Dans tous les différends qui ont surgi entre les deux pays, tandis que les Suédois se pla-

savoir de la seconde. Et quand M. Boström, le chef du gouvernement suédois, soumet à son collègue norvégien un projet de « lois identiques » qui prévoit le cas où telle question consulaire dégénèrera en question diplomatique et assure au ministre des affaires étrangères un certain droit de contrôle sur les consuls, M. Hagerup refuse purement et simplement de laisser la conversation s'engager sur ce terrain.

çaient sur le terrain de la réalité et des faits, les Norvégiens prétendaient ne voir les questions qu'au point de vue théorique de leur droit. Ils en arrivaient à perdre le sens des contingences. Comme, ainsi qu'ils le disaient eux-mêmes, on ne négocie pas sur son droit, ils estimaient avoir donné des gages suffisants de leur bonne volonté lorsqu'ils avaient consenti à négocier. De bonne foi, ils exigeaient alors la réalisation intégrale de leur programme. J'ai été frappé, en parcourant leur beau pays, habité par une population si intelligente et si sympathique, et en causant avec quelques-uns d'entre eux, de cette incapacité de comprendre qu'il en est en politique comme dans la vie conjugale, où les époux ne peuvent pas toujours aller jusqu'au bout de leur droit, et que l'existence en commun est impossible sans des concessions mutuelles. Les garanties demandées par la Suède n'auraient pas moins limité sa liberté d'action que celle de la Norvège.

Il exige la suppression de quelques paragraphes du projet suédois, ajoutant que, « s'ils étaient maintenus, toute discussion ultérieure deviendrait sans objet. »

A cet ultimatum, les négociateurs suédois répondent fort courtoisement que s'il peut leur être démontré que leurs propositions sont en contradiction avec les stipulations du communiqué, ils les modifieront en conséquence. Cette preuve, on n'essaye même pas, du côté norvégien, de la fournir. On se borne à répondre que « le gouvernement norvégien ne trouve aucune raison de faire de nouvelles communications ». C'est la rupture des négociations.

M. Hagerup, toutefois, reste partisan des voies légales. Le ministre des affaires étrangères, comte Gyldenstolpe, ayant très justement exprimé l'avis que la principale cause de l'échec des négociations est l'impossibilité pratique de résoudre la question des consulats indépendamment de celle du ministre des affaires étrangères, le président du Conseil norvégien se montre disposé à entamer de nouvelles négociations sur une base plus large, à la condition que si elles n'aboutissent pas, on dissoudra l'union pour lui substituer « des formes de coopération plus libres entre les deux peuples ».

Mais la défection de deux membres radicaux du cabinet, MM. Michelsen et Schöning, l'oblige à se retirer, et un nouveau ministère est formé sous la présidence de M. Michelsen.

Dès ce moment, on peut prévoir la catastrophe. Le prince royal qui a, entre temps, assumé la régence, et dont tous les gens sensés ont dû reconnaître la sagesse politique, tente bien de la conjurer, en indiquant, dans une lettre rendue publique et qui fait sensation, la seule solution raisonnable.

Des négociations confiantes et libres en vue d'assurer à la Suède et à la Norvège une parfaite égalité de position et de droits dans l'union, voilà la ligne de conduite qu'il préconise. Le gouvernement suédois l'adopte et le Riksdag y donne son adhésion. M. Boström, que les Norvégiens rendent responsables de l'échec des négociations précédentes [1], se démet de ses fonctions de président du Conseil, afin, dit-il lui-même, que sa personne ne soit

[1] V. le post-scriptum.

pas un obstacle à une entente possible. Il est remplacé à la tête du gouvernement par M. Ramstedt.

Mais du côté norvégien, on repousse ces avances. Il est visible que M. Michelsen et ses collaborateurs ont leur siège fait. Les négociations antérieures n'ont pas abouti, expliquent-ils gravement et un nouvel échec compromettrait de la façon la plus dangereuse les bonnes relations entre les deux peuples.

Ces relations, ce n'est pas leur refus évidemment, qui les améliorera. Gribouille se jette à l'eau pour n'être pas mouillé.

Les événements se précipitent. Malgré un courageux et beau discours de M. Hagerup, qui dénonce le péril d'une semblable attitude, le Storthing vote une loi qui institue des consuls norvégiens ne relevant que du gouvernement de leur pays. Et pour bien marquer sa résolution de passer outre à toutes les objections, il décrète que la loi entrera en vigueur dès l'année prochaine. Or, la constitution norvégienne reconnaît au roi le droit de *veto*. Il peut l'exercer par trois fois, de deux ans en deux ans; après quoi, si le Parlement persiste, c'est celui-ci qui l'emporte.

Le roi use donc de son droit et refuse sa sanction. Au lieu de s'incliner, le ministère Michelsen démissionne (27 mai). Mais, dans l'impossibilité où il se voit de former « actuellement » un autre ministère, le roi n'accepte pas cette démission. C'est alors que le Storthing, dans la séance désormais historique du 7 juin, dépose le vieux monarque — lui demandant, il est vrai, de désigner un jeune prince de la maison Bernadotte pour occuper le trône — déclare rompue l'union avec la Suède, et nomme un gouvernement provisoire, dont M. Michelsen est le chef et dans lequel le département des affaires étrangères a pour premier titulaire M. Lövland,

*
* *

Ces actes sont nettement révolutionnaires, et il ne faut pas s'étonner que le roi ait fait entendre une énergique protestation. L'union, qui date de 1814, ne peut être dénoncée que du consentement des deux parties. Et il est peu probable que les puissances reconnaissent le nouveau gouvernement, aussi longtemps, du moins, que la Suède ne l'aura pas fait.

Déjà l'empereur d'Allemagne a annoncé son intention de renoncer, cet été, à son voyage annuel en Norvège, et de venir, par contre, en Suède. Et la cour d'Angleterre saura mauvais gré certainement aux Norvégiens de l'ombre que leur violence intempestive va jeter sur les fêtes du mariage du prince Gustave-Adolphe avec la fille du duc de Connaught.

Que feront les Suédois? L'autre soir, spontanément, à l'annonce du coup d'Etat qui venait de se produire en Norvège, une foule de 50.000 personnes environ s'est portée devant la résidence d'été du roi, et a fait au vieux souverain, qui traverse en ce moment l'heure la plus sombre de son règne, une ovation grandiose, saisissante. Il était là, droit sous ses cheveux blancs, entouré de la plupart des membres de sa famille, dont quelques-uns pleuraient; et les acclamations puissantes, discontinues d'une multitude émue, le chant des hymnes patriotiques, les accents du *Choral de Luther* montaient vers le ciel, dans la rouge lumière du soleil couchant. Mais point de cris hostiles, une gravité digne, plus de tristesse que d'indignation.

N'en croyez pas ceux qui vous prédisent

une guerre imminente. Entre hommes et femmes des deux pays, l'amour a créé trop d'alliances, le mariage a noué trop de liens pour que personne puisse songer sérieusement à une lutte fratricide. Une union maintenue par la force n'aurait d'ailleurs aucune valeur et constituerait plutôt un péril. Et puis, on est las, en Suède, de ces querelles incessantes qui énervent, irritent et qui paralysent la vie politique du pays. C'est pourquoi, sans vouloir me poser en prophète, je crois pouvoir vous assurer que le Parlement suédois, convoqué pour le 20 de ce mois, en séance extraordinaire, ne prendra aucune mesure qui puisse troubler la paix du monde. Mais elle est menacée, cette paix, dores et déjà, par l'attitude imprudente autant qu'illégale de la Norvège : « Deux valent mieux qu'un », dit l'Ecclésiaste. Et ce n'est pas dans le voisinage de la Russie qu'il est permis de l'oublier.

P. S. — *Les Norvégiens accusent M. Boström de n'être pas resté fidèle aux opinions qu'il professait avant la publication du* COMMUNIQUÉ, *d'avoir manqué à ses engagements. L'ancien premier ministre suédois, aujourd'hui chancelier de l'Université, dans un entretien qu'il a bien voulu m'accorder, mais qu'il ne m'a malheureusement pas autorisé à reproduire, m'a donné la preuve matérielle de la fausseté de ces accusations. Les vues émises par lui dans son projet de lois identiques, le gouvernement norvégien les connaissait de longue date.*

VI

La situation après la rupture

Stockholm, 14 juillet 1905.

On a généralement admiré la façon calme et grave dont s'est accomplie la révolution norvégienne : ni violence matérielle d'un côté, ni représailles sanglantes de l'autre. Et je veux bien que nous soyons en train de donner au monde un bel exemple de dignité politique.

Qu'on ne l'oublie pas toutefois : le lien qui unissait l'un à l'autre les deux peuples de la presqu'île scandinave n'est pas encore rompu. Il ne suffit pas, pour qu'un contrat bilatéral cesse d'exister, qu'une des parties le dénonce. Le Storthing norvégien a déposé le roi et déclaré l'union avec la Suède dissoute. Mais en droit, rien n'est changé à l'ancien état de choses, aussi longtemps que la Suède n'a pas donné son consentement. Et il est peu probable que les puissances reconnaissent le nouveau régime avant que la Suède se soit prononcée. Le fera-t-elle ? A quelles conditions ? Voilà la question : la paix et la guerre dépendent de la façon dont elle sera résolue.

Il s'agit maintenant de bien comprendre la situation. Les lecteurs du *Journal de Genève* sont trop informés pour confondre, comme on l'a fait ailleurs, ce qui vient de se passer à Christiania avec, par exemple, la Restauration genevoise de 1813. Ils savent que la Norvège jouissait, dans son union avec la Suède, des droits d'un Etat libre. Elle se donnait librement ses lois, avait son propre conseil des ministres responsable devant le seul Storthing et pouvait, à son gré, pratiquer le libre-échange tandis que la Suède faisait du protectionnisme. Seule, la direction des affaires étrangères — avec le roi, bien entendu — était et devait être commune aux deux pays.

Il y avait pourtant entre eux deux inégalités. La première, que vous avez exposée à maintes reprises et à laquelle on avait depuis longtemps proposé de remédier, c'est que, d'après la Constitution, le ministre des affaires étrangères était toujours un Suédois ; et les Norvégiens ne pouvaient souffrir que leurs relations avec l'extérieur fussent dirigées, comme ils disaient, par un « étranger. »

La seconde était qu'en cas d'attaque de la Norvège par une tierce puissance, la Suède devait prêter à la nation sœur le secours de toute sa force militaire, tandis que la Norvège, pourtant deux fois et demie moins peuplée, n'était pas tenue à la réciprocité ; mais de cette inégalité-là, les Norvégiens, qui en bénéficiaient, ne se sont jamais plaints ; jamais ils n'en ont même soufflé mot, et vous n'en trouverez pas mention dans les brochures tendancieuses dont ils inondent actuellement le continent.

Si l'on considère ce qu'était la Norvège en 1814 — à l'époque où elle fut séparée du Danemark et unie à la Suède [1] — et ce

[1] On lit dans un document officiel, l'Adresse du Riksdag au roi : « Au moment de son union avec la Suède, la Norvège se trouvait dans une situation précaire... Les ressources du pays étaient presque épuisées, la dette publique considérable et le crédit de l'Etat ruiné. » — Et encore : « Le traité de Kiel du 14 janvier 1814, affranchit la Norvège d'une situation à peu près équivalente à celle d'une province qu'elle avait

qu'elle est aujourd'hui, on se convaincra que, pour elle comme pour la Suède, l'union fut un bienfait. Ces 91 années ont été pour les deux peuples — que leur situation géographique même oblige pour ainsi dire à vivre unis — un temps de progrès dans la paix, de développement matériel et intellectuel, politique et social.

Aussi ne faudrait-il pas croire que l'union leur fut à charge, qu'en Norvège surtout on la subît comme une humiliation. Dans ce dernier pays, les radicaux, il est vrai, travaillaient sournoisement depuis longtemps à la rupture. Mais aussi est-ce en grande partie à cause de leurs menées séparatistes qu'ils furent battus aux dernières élections. La nation ne voulait pas

sous le régime autocratique de la monarchie danoise. »

Le premier de ces faits n'a pas été contesté. Il n'en est pas de même du second. Nansen, par exemple, prend bien soin de constater que la Norvège était unie au Danemark comme un Etat distinct, c'est-à-dire souverain (p. 6 de l'édition norvégienne.) Mais, comme il reconnaît lui-même que toutes les fois que le Danemark était battu par la Suède, il cédait à celle-ci des provinces norvégiennes, on voit ce qu'il en faut penser.

de leur politique. C'est le programme de la droite (dirigée par M. Hagerup) qui l'emporta ; et ce programme, quel était-il ? — Négocier, rien que négocier.

Pourquoi donc le Storthing, élu pour l'appliquer y fut-il infidèle ? Tout simplement parce que les radicaux ont su, par d'habiles manœuvres, affaiblir la droite et ressaisir le pouvoir. Après quoi, ils ont imposé leur volonté au pays, par le sophisme et l'intimidation, en surexcitant le patriotisme de la masse, l'amour-propre national toujours à vif. J'ai eu sous les yeux la lettre d'un commerçant norvégien qui déplorait le coup d'Etat, assurant que des milliers de ses compatriotes partageaient ses sentiments. Ceux-là on ne les entend pas. Les violents les annihilent.

Les conservateurs ont, d'ailleurs, dans ces tristes événements, une grande part de responsabilités. Ils n'ont pas maintenu contre leurs adversaires le programme qu'ils avaient reçu mission de réaliser. Ils ont cru, en faisant cause commune avec ces derniers, regagner le terrain qu'ils perdaient. Ce fut là, sans doute, un faux calcul. Tôt ou tard, une réaction se produira. Et alors, lorsque la nation sera remise de sa fièvre patriotique, ils verront peut-être qu'ils auraient mieux fait de subir une impopularité momentanée que de faire cortège aux révolutionnaires [1].

Quoi qu'il en soit, il y a pour l'instant, et en apparence au moins, unanimité en Norvège.

*
* *

[1] Ç'a été le malheur de l'union que, ni dans un pays ni dans l'autre, les questions qui les divisaient n'ont jamais été discutées d'une façon objective et pour elles-mêmes. Toujours des considérations de politique intérieure, des arrière-pensées et des intérêts de parti, sont intervenus dans le débat. En Suède, où les conservateurs étaient au pouvoir, les libéraux soutenaient les revendications norvégiennes, pour leur faire pièce autant au moins que par esprit de justice. En Norvège, de même, les partis jouaient de l'union l'un contre l'autre. M. Hagerup disait en 1904 au Storthing, que « le conflit unionnel avait été beaucoup trop considéré par les partis norvégiens comme une usine où l'on pouvait forger des armes utilisables dans une campagne intérieure. » Si la droite, qui avait toujours été favorable à l'union a finalement changé son fusil d'épaule, c'est surtout, M. Drolsum — l'auteur d'une des brochures norvégiennes écrites pour l'édification de l'étranger — en fait lui-même l'aveu indirect, parce qu'en excitant les passions chauvines, la gauche lui avait fait perdre toute influence.

Et en Suède? Personne, sans doute, ne s'étonnera d'apprendre que, sous le calme de la surface, gronde une sourde irritation. Je ne veux pas dire que nous dansions sur un volcan, car nous ne dansons pas. Parmi les fêtes que Stockholm vient de célébrer en l'honneur de la princesse Marguerite de Connaught et du prince Gustave-Adolphe, son jeune époux, il devait y avoir un grand bal au château. Mais on y a renoncé, à cause de la gravité des temps, et le bal a été remplacé par une soirée, d'ailleurs brillante. C'est que tout danger de guerre n'est pas écarté. L'injure faite à la Suède et au roi par le Storthing a été profondément ressentie dans ce pays. Des voix s'élèvent de plus en plus nombreuses, qui demandent réparation et veulent qu'on fasse parler la poudre. Ces dispositions belliqueuses ne prévaudront pas contre la sagesse de la nation et de ses gouvernants, mais elles ont au moins une valeur symptomatique.

Il y a plus. Le Riksdag est actuellement réuni en session extraordinaire. La séance d'ouverture a été une des solennités les plus émouvantes auxquelles il m'ait été donné d'assister. Dans son discours du trône, lu d'une voix forte et qui vibrait, à la fois d'indignation et de tristesse, le roi s'est déclaré résolu « à ne pas opposer la violence à l'injustice. » Voilà qui est clair. Un soupir de soulagement, à ces paroles, s'est échappé de mainte poitrine. Point de guerre donc. Et le ministère complétait cette déclaration en demandant au Riksdag l'autorisation d'entrer en négociations avec le Storthing pour dissoudre l'union sous certaines conditions.

Il est évident, en effet, qu'après un siècle de vie commune, les deux pays ne peuvent pas décider sans autre qu'ils se sépareront. Il y a toute une situation à liquider, des rapports nouveaux et complexes à définir, des intérêts à sauvegarder. La Suède, pour transporter jusqu'à l'Océan Atlantique les richesses minérales considérables que renferme le nord du pays, a construit un chemin de fer, qui, aboutissant à Narvik, emprunte, pour un faible parcours, le territoire norvégien ; et elle ne peut admettre que des droits protecteurs excessifs l'empêchent tout à coup d'utiliser cette voie de communication. La Suède ne saurait accepter, sans rien faire pour assurer sa sécurité et alors que sa propre frontière est dégarnie, l'existence sur la frontière norvégienne de toute une ligne de forts, qui est pour elle une menace continuelle.

Tels sont quelques-uns des problèmes posés par la séparation. Et il y en a d'autres.

La Suède mettra donc certaines conditions à la dissolution de l'union. Une commission spéciale, élue par le Parlement, travaille dans le plus grand secret à les formuler. Elles seront raisonnables, sans doute, la modération du gouvernement, son esprit conciliateur, permettent de l'espérer. Il peut arriver pourtant que la Norvège les repousse. Pourrons-nous alors éviter un conflit à main armée ?

De toutes façons la situation reste obscure. Ce qui, plus que l'acte lui-même, a profondément blessé ici le sentiment public, c'est la façon brutale dont les auteurs du coup d'Etat ont déchiré le pacte d'union. Tout ce qu'ils demandaient, c'est-à-dire des consuls, et tout ce qu'ils poursuivaient sans le dire, oui, même la dissolution de l'union, ils pouvaient l'obtenir sans trahir le mandat qu'ils avaient reçu de leurs électeurs : par la voie des négociations. Il ne leur eût fallu qu'un peu de patience. Le droit de veto du souverain ne peut s'exercer que trois fois. Par la force même des choses, la loi votée par le Storthing et que le roi a refusé de sanctionner, entrait donc en vigueur après que trois Storthings successifs l'avaient adoptée. Et il n'y avait pas péril en la demeure. L'institution d'un corps consulaire exclusivement norvégien n'était pas tellement urgente — les principaux intéressés l'avaient naguère déclarée inopportune — qu'elle ne pût attendre six années [1].

L'union elle-même, qui perdait toute valeur du moment qu'elle n'était pas volontaire, pouvait être rompue sans sortir du droit. Beaucoup de Suédois, las des querelles qu'elle suscitait, auraient prêté les mains à une rupture.

C'est cette violence inutile, cette brutalité calculée, ce mépris des traités comme aussi ce manque absolu d'égards envers un

[1] On n'a pu citer un seul cas où les intérêts norvégiens auraient souffert du fait de la communauté des consulats. Il est à noter aussi qu'en ces derniers temps, plus de la moitié des postes consulaires rétribués étaient occupés par des Norvégiens.

souverain qui, de l'aveu même des Norvégiens, s'est toujours loyalement renfermé dans les limites de la Constitution, qui ont surtout indisposé les esprits en Suède.

Vous vous rappelez que, soit sagesse politique, soit habileté, peut-être aussi pour atténuer un peu le coup immérité qu'il portait à son vieux roi, le Storthing a prié celui-ci de désigner un jeune prince de la maison Bernadotte pour venir occuper le trône de la Norvège. Il est peu probable que la Suède se prête à cette combinaison, à laquelle la famille royale elle-même se déclare opposée, et qui risquerait d'être une nouvelle source de dissensions. Les journaux anglais annoncent maintenant que le trône a été offert à un prince de Danemark.

Si le fait est vrai, ceux qui auraient fait cette offre, avant que la Suède se soit prononcée, joueraient un jeu vraiment singulier. Et le Danemark, s'il l'acceptait commettrait un acte peu amical envers la Suède et son roi. On sait bien, d'ailleurs, à Copenhague, que ce trône ne serait point un lit de roses. Une feuille satirique publiait l'autre jour un dessin qui ne manque pas de vérité. On y voyait les deux chefs du nouveau gouvernement norvégien assis, dans une attitude belliqueuse, auprès d'un trône qu'une pancarte déclarait « vacant » ; et au-dessous cette légende : « Avec qui allons-nous nous chamailler maintenant ? »

Un certain nombre d'hommes politiques norvégiens voudraient faire de leur pays une république sur le modèle de la Suisse. Cette solution serait la meilleure peut-être, celle qui préviendrait toutes les difficultés que le choix d'un prince ne manquera pas de susciter, celle qui répondrait le mieux aussi aux instincts profondément démocratiques de ce peuple au col raide, mais d'ailleurs tout pétri de fortes qualites et de nobles vertus. Reste à savoir si l'idée républicaine est assez vivante dans l'âme de la nation pour que la réalisation en soit possible.

VII

La candidature danoise

Stockholm, 25 juillet 1905.

En Norvège, l'annonce d'une candidature danoise au trône a mis la division dans les esprits. Des journaux de toutes les parties du pays protestent contre ce qui, à leurs yeux, serait de la part du Storthing, un abus de pouvoir. Ils estiment que si la Suède refuse, c'est au peuple qu'il appartient de décider, d'abord quelle forme de gouvernement il entend se donner, et ensuite, au cas où il lui plairait de conserver la monarchie, à quel prince le trône doit être offert.

Il paraîtrait, d'ailleurs, que le nombre des partisans d'une république augmente.

VIII

Conditions suédoises. — La démission du ministère Ramstedt

Stockholm, 27 juillet 1905.

Le télégraphe vous aura déjà renseigné sur les décisions de la Commission spéciale, formée de membres des deux Chambres, au sujet de l'attitude à prendre par la Suède dans le conflit créé par la révolution norvégienne. La Suède a parlé. Et le langage qu'elle tient est tout ensemble ferme, digne et modéré. Voyons qu'elle en est la signification et la portée.

Nous ne nous opposerons pas, dit la Suède, si vous désirez rompre un lien presque séculaire, à ce que la Norvège forme un Etat complètement distinct de sa voisine. Mais vous nous demandez de commencer par où il faudra finir. La décision du Storthing est pour nous sans valeur; il est inadmissible qu'un contrat bilatéral doive être tenu pour inexistant par le seul fait qu'il a plu à l'une des parties de le dénoncer. Notre séparation ne peut avoir lieu, en droit, que d'un commun accord. L'honneur de la Suède exige qu'elle se fasse dans des formes régulières et son intérêt lui commande d'exiger certaines garanties. Commencez donc par donner à la volonté populaire l'occasion de s'exprimer directement en faisant procéder, à votre choix, soit à un referendum, soit à de nouvelles élections. Informez-nous, si elle est favorable à une dissolution de l'union, de l'issue de cette consultation. Nous vous accorderons immédiatement alors le principe de la séparation, et il ne nous restera plus qu'à en discuter ensemble les conditions.

Ainsi s'exprime la commission unanime et, encore une fois, à en juger par le langage des journaux et par l'attitude du Riksdag, il est dès à présent probable que telle sera la réponse de la Suède tout entière.

Il y a trois conditions que la commission juge devoir être formulées, *afin qu'une paix désirable puisse régner à l'avenir entre les deux pays :*

1° Etablissement, de chaque côté de la frontière commune aux deux pays, d'une zone neutre dans les limites de laquelle ne pourront être ni construits ni conservés des ouvrages fortifiés; — les Norvégiens devront raser, par conséquent, les forts dont vous parlait une de mes précédentes correspondances.

2° Droit pour les Lapons de traverser librement, à certaines époques de l'année, la frontière avec leurs rennes[1].

3° Interdiction de toute mesure tendant à entraver le transit des marchandises entre les deux pays; et défense aux habitants d'un pays d'apporter des perturbations graves dans le régime des cours d'eau qui appartiennent aux deux.

Quant à un traité d'arbitrage entre la Suède et la Norvège, la commission le tient pour désirable, mais n'estime pas qu'on en doive faire une condition de la séparation.

Ces conditions ont, vous le voyez, un caractère de réciprocité qui les fera paraître raisonnables et doit les rendre acceptables aux Norvégiens. Celle concernant

[1] D'après le dernier recensement, le nombre des Lapons suédois est de 5.962 dont 2.932 nomades, celui des rennes de 138.522, dont 117.821 appartenant à des nomades.

les forts soulèvera naturellement, dans la population en tout cas, le plus de résistance. Le Storthing et le ministère Michelsen trouveront plus dure encore peut-être l'obligation de consulter le pays. Des deux solutions dont la Suède leur laisse le choix, nouvelles élections et referendum, c'est pour la seconde, sans doute, qu'ils se prononceront : la décision d'un nouveau Storthing aurait trop l'apparence d'une annulation de la résolution du 7 juin. Il n'y a, du reste, aucun doute possible sur le résultat de cet appel au peuple : la nation ratifiera l'acte de ses représentants. Mais il est bon qu'elle soit mise en état de faire connaître sa volonté : la responsabilité de la Suède se trouvera ainsi dégagée devant l'histoire.

La Commission suédoise propose au Riksdag, pour bien marquer sa résolution de ne pas s'écarter de la ligne de conduite tracée par son vote, l'ouverture d'un crédit extraordinaire de cent millions de couronnes. Ceci n'est point une menace de guerre. Mais un pays doit être prêt à joindre l'acte à la parole. Il y a plusieurs mois déjà que la Norvège a contracté en France un emprunt de quarante millions, qui lui cause, paraît-il, des ennuis, la Banque exigeant pour le retrait des fonds la signature du roi ! Il faut remarquer, enfin, que le gouvernement ne disposera pas librement de ce crédit, mais qu'il lui faudra pour l'employer une autorisation du Parlement.

Il est vrai que le ministère Ramstedt a démissionné, victime, lui aussi, de ces luttes unionnelles qui ont usé déjà tant d'hommes politiques. Mais ce changement de personnel gouvernemental n'a, lui non plus, aucune signification dangereuse pour la cause de la paix. Le programme de M. Ramstedt ayant été repoussé par la Commission, le ministre devait céder la place. Son remplaçant paraît assez difficile à trouver : c'est qu'il faut, dans les circonstances actuelles, des qualités assez rares de souplesse et de volonté, avec beaucoup d'abnégation et de dévouement.

Nous allons voir maintenant si le Suédois Nobel a fait preuve de claivoyance en confiant au Storthing norvégien l'attribution du prix de la paix.

IX

Menaces d'orage. — Le ministère Lundeberg

Stockholm, 4 août 1905.

Comme vous le faisait pressentir ma dernière lettre, le Riksdag a fait sien le programme d'action formulé par sa Commission spéciale. Seul, un orateur socialiste a combattu, en termes très modérés d'ailleurs, le vote d'un crédit extraordinaire de cent millions de couronnes. Les journaux de tous les partis ont accueilli la décision avec une satisfaction qu'on peut dire partagée par la nation tout entière. De sorte qu'en face de la Norvège unie se tient aujourd'hui la Suède unie.

La résolution du Riksdag a produit en Norvège un effet immédiat. Le jour même où elle était adoptée, le ministère Michelsen soumettait au Storthing, qui l'approuvait, un projet de consultation populaire. C'était remplir la première des conditions suédoises.

La Norvège va donc procéder à un plébiscite. Pour le fond, elle donne ainsi prompte satisfaction à la Suède. Mais dans la forme, elle semble maintenir son point de vue. En effet, alors que sa voisine déclare qu'il n'y a rien de fait, la question soumise aux électeurs norvégiens est s'ils approuvent ou non ce qui a été fait.

Il y a entre ces deux formules une opposition irréductible et que soulignent encore les commentaires des journaux norvégiens.

Aussi ne faudrait-il pas croire à un accord prochain, ni même certain. C'est après la consultation populaire du 13 août que naîtront les difficultés. Qu'il y ait, ce jour-là, une forte majorité de voix favorable à la dissolution de l'union, personne n'en doute, en Suède moins qu'ailleurs. Je tiens de bonne source que bien des Norvégiens qui déplorent la rupture n'en croiront pas moins devoir, par un sentiment patriotique facile à comprendre, prendre leur part de responsabilité dans ce qui s'est passé et répondre affirmativement à la question posée.

Qu'arrivera-t-il donc ? On peut admettre, sans doute, qu'en parlant de la dissolution comme d'un fait accompli, le gouvernement n'a voulu que gagner du temps et ne pas se déjuger trop promptement. Mais il est possible aussi que, suivant le conseil qui lui est donné par quelques journaux, au lieu de faire part à la Suède — comme celle-ci l'exige — du désir de la Norvège de former un Etat complètement distinct, il ne prétende lui imposer sa propre manière de voir et ne cherche, avant de s'être arrangé avec elle, à obtenir pour le nouvel état de choses la reconnaissances des puissance. On espère, en effet, qu'après le plébiscite celles-ci ne la refuseront pas.

Là est le danger. Car la commission du Riksdag l'a déclaré expressément : c'est seulement après que la Norvège en aura exprimé le désir et « si, en ce qui concerne les conditions que la Suède aura à formuler, un accord satisfaisant au point de vue suédois peut être conclu », c'est seulement alors que la Suède pourra consentir à l'abrogation de l'Acte d'union. Cette déclaration ne figure pas, il est vrai, dans le texte même de la résolution votée par le Riksdag. Mais elle exprime de la façon la plus claire et la plus catégorique la volonté du parlement suédois. Et elle lie le nouveau ministère ; elle lui trace sa ligne de conduite. Si donc le gouvernement norvégien prétend n'en pas tenir compte, le ministère la fera respecter, et ce sera la guerre ; ou bien il cèdera et ce sera pour la Suède une aggravation de l'humiliation que lui ont infligée les auteurs du coup d'Etat.

Espérons que les deux pays trouveront un terrain d'entente. C'est leur commun intérêt.

Il est évident que la Norvège a intérêt à ce qu'une solution définitive intervienne bientôt, et c'est ce qui explique, sans doute, l'empressement du cabinet Michelsen à faire procéder à un referendum. Car actuellement, en droit international, elle n'existe pas ! Et les inconvénients d'une telle situation, aussi bien que ses périls, apparaîtront à chacun.

Mais la Suède aussi ne peut que désirer la fin d'un douloureux conflit. Pas plus que sa voisine, elle ne saurait, sans folie, oublier la fable de l'huître et des deux plaideurs. Vous avez rapporté les bruits multiples et contradictoires, mais tous menaçants pour l'indépendance de la Scandinavie auxquels ont donné lieu les faits et gestes de l'empereur Guillaume et la visite dans nos parages des flottes allemande et anglaise. Il ne faut pas, sans doute, s'en exagérer l'importance, mais il ne faut pas non plus la méconnaître. Et c'est trop déjà qu'ils aient pu courir.

La sagesse politique, c'est-à-dire ici l'instinct de la conservation, commande donc aux deux pays de remplacer par un autre lien, l'union qui va se dissoudre et de conclure une alliance défensive. Voilà pourquoi il faut souhaiter que la séparation se fasse à l'amiable sans laisser, d'un côté ni de l'autre, trop d'amertume dans les cœurs.

*
* *

Le nouveau ministère suédois, enfin constitué, aura une lourde tâche. C'est un ministère d'union nationale, où tous les grands partis sont représentés, depuis l'extrême droite jusqu'au radicalisme. Il compte huit membres du Riksdag, ce qui signifie que le centre de gravité politique va passer du palais du roi au palais du Parlement. Son chef, M. Christian Lundeberg, est vice-président de la première Chambre, dans laquelle il exerce, depuis vingt ans, une influence prépondérante. Il a présidé aussi la commission spéciale du Riksdag, et c'est à ses efforts et à ses capacités surtout qu'on attribue l'unanimité avec laquelle celle-ci a pu formuler ses conclusions. Le nouveau ministre des affaires étrangères, le comte Wachtmeister, directeur général des domaines, est connu pour son extrême urbanité : c'est, dans la situation actuelle, une qualité précieuse.

Tout indique que le ministère n'a été constitué que pour résoudre le différend avec la Norvège et qu'une fois qu'il y sera parvenu, il aura rempli tout son programme.

X

Le premier Plébiscite norvégien

Stockholm, 15 août 1905.

La consultation populaire, en Norvège, a donné le résultat prévu : la presque unanimité des électeurs s'est prononcée pour la dissolution de l'union.

Cette manifestation a eu quelque chose d'imposant et fera de l'impression à l'étranger. De près, elle inspire quelques réflexions pessimistes sur la versatilité des foules. Au reste, une histoire pas très ancienne nous montre que ces plébiscites sont d'intéressants coups de sonde, mais qu'il ne faut pas s'en exagérer la portée. L'art de manier la pâte électorale fait des merveilles.

Il faut admettre que dans l'état actuel des choses, il y avait une majorité de partisans de la séparation. Mais il faut bien reconnaître aussi qu'une formidable pression a été exercée sur les électeurs norvégiens. Ceux qui désapprouvaient l'attitude des pouvoirs publics n'avaient aucun moyen de se faire entendre. On leur fermait la bouche. Les journaux refusaient d'insérer leurs protestations. Ces mêmes journaux, dans leurs efforts pour faire vibrer la corde patriotique, ne craignaient pas d'user de la menace et de l'intimidation. Quiconque osait critiquer les hommes du 7 juin était aussitôt dénoncé comme traître à la patrie et désigné à la vindicte publique. Une feuille sommait à l'avance de quitter le pays, comme indignes de l'habiter, ceux qui s'abstiendraient de voter ou voteraient non. Ce régime a eu les effets qu'on pouvait prévoir. On dit qu'une compagnie de navigation a congédié, à cause de ses opinions politiques, un capitaine qui l'avait fidèlement servie pendant 24 années. A Drammen, un vétéran des luttes politiques ayant eu l'imprudence de critiquer le coup d'Etat et la rupture, dans une lettre qu'un journal suédois a rendue publique, a été l'objet de manifestations sauvages et contraint de quitter précipitamment la contrée. Dans la même localité, le bourgmestre, coupable de tiédeur à l'égard de la révolution, a été assailli par la populace, et il a fallu l'intervention des pompiers et de leurs douches pour disperser les trois ou quatre mille « patriotes » qui voulaient lui faire un mauvais parti. [1]

Dans ces conditions, il faut s'étonner seulement qu'il y ait eu, malgré tout, des voix négatives.

[1] Je tiens d'une source absolument sûre aussi qu'un des pasteurs les plus vénérables et les plus vénérés de Christiania, M. Christopher Bruun, qui, dès le lendemain de la révolution, l'avait publiquement condamnée, et qui se proposait d'exposer à ses paroissiens les raisons de son attitude, fut sommé de garder le silence. Comme il persistait dans son intention, jugeant de son devoir de parler, les autorités firent barrer par la police la porte de son église. Avec un courage qui donne la mesure de sa valeur morale, il voulut proclamer alors dans une brochure ce qu'il n'avait pu dire du haut de la chaire. Mais aucun imprimeur de Christiania ne voulut ou n'osa lui prêter le secours de ses presses, et il dut envoyer son manuscrit à Copenhague.

Et je pourrais citer d'autres faits non moins authentiques. En plein Storthing, d'ailleurs, au cours des débats relatifs à la convention de Karlstad, un député de l'opposition, M. Castberg, s'est plaint amèrement et sans être démenti de ce que le gouvernement, en violation de la loi, avait établi la censure télégraphique et téléphonique et supprimé la liberté de parole.

Il y avait longtemps alors que fonctionnait ce

La parole est maintenant au Storthing, pour faire connaître à la Suède le désir de la Norvège de sortir de l'union.

système de compression. Il datait du jour (27 mai) où le ministère ayant refusé de contresigner le veto royal, avait ajouté cette parole dont on s'était ému en Norvège même comme d'une menace et qui fermait d'avance la porte à toute tentative de conciliation : « Le Norvégien qui ferait cela cesserait au même instant d'avoir une patrie.

XI

Le Storthing parle

Stockholm, 25 août 1905.

Le Storthing vient de remplir la deuxième des conditions mises par la Suède à sa reconnaissance de la Norvège comme Etat indépendant. Il a sollicité la collaboration de la Suède pour l'abrogation du Riksakt et la dissolution de l'union. Les autorités norvégiennes abandonnent ainsi le point de vue ancien d'après lequel la séparation serait un fait accompli depuis la révolution du 7 juin. C'est un acte de sagesse et qui a produit une détente notable dans les esprits. Déjà des négociations sont engagées entre les deux pays. Il n'y aura plus guère de difficulté sérieuse qu'au sujet de la zone neutre. Mais on peut prévoir dès à présent que sur cette question délicate aussi l'accord finira par se faire.

XII

Trois documents à lire

Stockholm, 6 septembre 1905.

Que ceux de mes lecteurs qui voudraient se faire une opinion raisonnée sur le conflit suédo-norvégien me permettent de leur signaler trois documents dont il existe des traductions françaises. Le premier a un caractère officiel : c'est l'*Adresse présentée au Roi* par le Riksdag, sur le rapport de sa Commission spéciale ; on y trouvera un intéressant aperçu historique de la question des consulats. Le deuxième est une brochure du professeur K. Nordlund, intitulée *La Crise suédo-norvégienne* et qui contient le texte même des lois et autres actes officiels dont la connaissance est nécessaire à l'intelligence de la situation politique dans la presqu'île scandinave. Le troisième, enfin, une brochure aussi, du professeur Nils Edén, a pour titre *La Suède veut la paix*, et éclaire les principales questions débattues, dans la ville suédoise de Karlstad, par les négociateurs suédois et norvégiens, chargés de régler les conditions de la dissolution de l'union.

XIII

La Convention de Karlstad. — La Suède veut la paix. — Monarchie ou République ?

Stockholm, 26 septembre 1905.

Après trois semaines de négociations laborieuses et délicates, une fois interrompues et qu'on a craint à plusieurs reprises de voir se rompre définitivement, les délégués de la Suède et de la Norvège, réunis dans la ville désormais historique de Karlstad [1], ont signé un accord dont le télégraphe vous a fait connaître le contenu.

Je n'ai pas cru devoir vous entretenir des bruits menaçants et contradictoires

[1] Les négociateurs étaient, pour la Suède : MM. Ch. Lundeberg, président du Conseil ; le comte Wachtmeister, ministre des affaires étrangères ; Hammarskjöld, ministre de l'instruction publique et des cultes, et Staaff, ministre sans portefeuille ; pour la Norvège : MM. Michelsen, président du Conseil ; Lövland, ministre des affaires étrangères ; Berner, président du Storthing, et B. Vogt, ancien ministre.

qui ont couru pendant toute la durée des négociations et qui représentaient les deux peuples comme près d'en venir aux mains. Assurément l'air était chargé d'électricité[1]. Mais, comme je vous l'écrivais le mois dernier déjà, dès l'instant où la Norvège consentait à remplir les deux conditions fondamentales mises par la Suède à sa reconnaissance de la nation voisine comme Etat indépendant, qui étaient, la

[1] Nous avons été, en particulier, à deux doigts de la guerre, le jour où l'on apprit que le ministère norvégien, au mépris d'une convention préliminaire, levait de nouvelles troupes et en dirigeait vers la frontière. Aux représentations que lui fit à ce sujet le premier ministre suédois, M. Michelsen opposa d'abord d'énergiques dénégations. Mais M. Lundeberg possédait des informations si précises qu'il dut finir par reconnaître les faits. Il changea alors de tactique. Il chercha à gagner du temps. Il fallut, pour le décider à donner sans délai l'ordre de revenir sur les dispositions militaires contraires à l'entente intervenue entre les négociateurs des deux pays, que le chef du gouvernement suédois le rendît attentif à l'état de surexcitation où se trouvait l'opinion publique en Suède, et au danger que l'attitude de la Norvège faisait courir à la paix.

Je tiens ces détails de la source la plus sûre et puis en garantir ainsi l'absolue authenticité.

première, de procéder à une consultation populaire, la seconde de solliciter le concours de la Suède pour la dissolution de l'union, on pouvait compter sur un dénouement pacifique du conflit.

Il s'en est fallu de peu néanmoins que l'événement ne déjouât ces prévisions. Ni en Suède, ni en Norvège, il n'y a eu, comme on l'a prétendu, de mobilisation proprement dite. Mais il est certain que les deux pays ont fait d'importants préparatifs militaires. La Norvège a levé des troupes nombreuses, fait occuper la frontière et creuser des retranchements ; les journaux de Christiania ont même publié un avis du gouvernement annonçant la formation d'un corps de volontaires dont pourraient faire partie les hommes de 18 à 50 ans qui n'appartiennent pas à l'armée ou à la marine.

« Nous sommes prêts comme nous ne l'avons jamais été, écrivait l'ancien ministre de la guerre Konow ; nous avons pris au printemps les dispositions nécessaires pour parer à toutes les éventualités ».

Quant à la Suède, il va de soi d'abord que l'activité même de sa voisine ne lui permettait pas de rester inactive. Mais surtout du moment qu'elle avait déclaré sa volonté formelle de ne prêter les mains à une dissolution de l'union que sous certaines conditions destinées à assurer pour l'avenir la paix de la presqu'île scandinave, elle devait évidemment se tenir prête, elle aussi, à faire, le cas échéant, respecter cette volonté.

*
* *

Or, il semble bien, aujourd'hui que le texte même de l'accord conclu à Karlstad laisse deviner quelque chose du secret des négociations, que si la guerre a été finalement évitée, c'est grâce à la sagesse des délégués suédois. On se souvient qu'une des conditions formulées par le Riksdag, était l'établissement, entre les deux pays, d'une zone neutre, et, par suite, la démolition d'un certain nombre de forteresses élevées par les Norvégiens au cours de ces dernières années, tout près de la frontière suédoise. On comprend qu'un peuple fier et pauvre ne prononce pas volontiers une telle condamnation sur sa propre politique, et ne détruise pas sans répugnance des ouvrages de ce genre qui ont coûté tant de millions. Aussi longtemps, en effet, que les deux pays se trouvaient unis sous un même roi, la Suède n'avait pas à s'inquiéter outre mesure du voisinage de ces forteresses, dont les canons pouvaient balayer son territoire. Mais, après la séparation, leur présence devenait trop dangereuse pour elle et l'obligeait à en construire de son côté. On voit tout de suite quelle rivalité d'armements fût résultée de cet état de choses, comment l'existence de cette double ligne de forts dressés les uns contre les autres eût fait planer sur le Nord une menace permanente de guerre, et créé une atmosphère de suspicion, de méfiance et de haine. La Suède n'a pas eu de forts à raser parce qu'elle n'en avait point construit [1] ; et elle s'est engagée, tout comme la Norvège, à n'en point établir dans un rayon prescrit.

C'est à grand'peine que ses délégués ont obtenu satisfaction sur ce point capital. Et même ils ont dû faire une concession au

[1] Comment, dès lors, l'auteur du livre cité dans notre avant-propos a-t-il pu écrire (p. 48) : M. Benjamin Vogt me parle aussi des fortifications, et non seulement des fortifications norvégiennes, mais aussi des suédoises ! ?

sentiment national norvégien. Ils ont consenti à ce que la vieille forteresse modernisée de Kongsvinger subsistât dans son état actuel. C'était manquer, non pas certes à la lettre, mais bien à l'esprit de la décision du Riksdag qui, sans rien préciser, il est vrai, ne prévoyait pas sans doute une telle exception. Ils ne l'ont fait évidemment que contraints et parce qu'ils préféraient céder que de voir échouer les négociations et la Scandinavie mise à feu et à sang. Ce point paraît établi.

Ils ont donné ainsi un éclatant et nouveau gage des intentions pacifiques de la Suède. Tout homme informé et non prévenu savait depuis longtemps d'ailleurs à quoi s'en tenir à cet égard. Si la Suède avait voulu la guerre, la révolution du 7 juin lui fournissait une excellente et légitime occasion de la faire. Elle avait le droit absolu de s'opposer par la force à cette violation brutale des traités et des lois, comme elle avait, auparavant déjà, celui, non moins incontestable, d'empêcher la construction de forteresses si manifestement dirigées contre elle, ou de répondre à cette provocation en fortifiant sa propre frontière. Mais elle n'a pas usé de son droit, encore que la supériorité de sa puissance militaire lui permît de le faire avec de grandes chances de succès. Et l'exemple de modération qu'elle a ainsi donné, si quelques-uns s'en sont étonnés comme d'une faiblesse, lui vaudra la reconnaissance et l'admiration de tous les gens de cœur et de jugement droit. Il apparaît bien aujourd'hui que M. Nils Edén, en même temps qu'il répétait la déclaration du Riksdag, rendait hommage à la vérité lorsqu'il intitulait l'édition française de sa brochure : *La Suède veut la paix.*

Il convient d'ajouter que, si les Norvégiens peuvent conserver Kongsvinger, la position de cette forteresse, située à 40 kilomètres de la frontière, la rend pour la Suède moins dangereuse que les autres. Ils n'ont pas le droit d'ailleurs d'y faire de nouveaux travaux, d'en renforcer l'armement ou d'accroître le chiffre de sa garnison ordinaire, qui est aujourd'hui de 300 hommes. Aucun autre ouvrage fortifié ne pourra enfin être établi dans un rayon de 10 kilomètres, c'est-à-dire — puisque le cercle ainsi formé touche par sa circonférence à la zone neutre, large elle-même de 30 à 40 kilomètres en moyenne — entre

Kongsvinger et la frontière. Les Suédois possèdent dans ces prescriptions la garantie que leur concession ne donnera pas lieu à des abus. Kongsvinger n'ayant que deux forts modernes, munis chacun de deux canons de gros calibre, ne peut pas servir de base d'opérations contre la Suède. Et les progrès rapides de l'art militaire réduiront bientôt encore la valeur de cette forteresse.

Un accord spécial, et qui n'a pas été rendu public, précise les mesures qui devront être prises pour la démolition des forteresses condamnées de Fredriksten et Gyldenlöve, Overbjerget, Veden et Hjelmkollen, Orje et Kroksund, Urskog (ou Dingsrud), ainsi que d'un certain nombre d'ouvrages en terre de moindre importance. Une commission de trois officiers, dont deux seront désignés par les deux parties contractantes, et le troisième par les commissaires ainsi nommés, ou, s'ils ne peuvent s'entendre, par le président de la Confédération suisse, contrôlera l'exécution de ces mesures, pour lesquelles il est accordé à la Norvège un délai de huit mois.

Enfin, l'arrangement relatif à la zone

neutre est complété par un traité d'arbitrage qui défère au jugement de la cour de la Haye les différends qui pourront surgir à l'avenir entre les deux pays, à l'exception pourtant de ceux qui concernent leur indépendance, leur intégrité ou leurs intérêts vitaux; mais, disposition remarquable, tandis que chacun des deux Etats est seul juge des cas où, soit son indépendance, soit son intégrité se trouve menacée, la question de savoir si un litige met en jeu ses intérêts vitaux, devra être tranchée par un arbitrage. De plus, les différends qui pourraient naître de l'interprétation ou de l'application de la convention de Karlstad, si la diplomatie ne parvient pas à les résoudre, seront réglés non à la Haye, mais par un tribunal spécial, qui se composera de trois personnes nommées de la même façon que la commission de contrôle dont il vient d'être question.

*
* *

Voilà pour ce qui concerne la « condition » sinon la plus importante, du moins la plus délicate. Sur les autres points du programme de la Diète, la Norvège a donné pleine satisfaction à la Suède. Elle s'est engagée à respecter le droit reconnu aux Lapons suédois par un traité de 1751 de faire paître leurs rennes sur son territoire, à certaines époques de l'année. C'était là une question de justice et d'humanité qui ne souffrait guère d'autre solution[1]. Elle a signé aussi un arrangement qui assure, pour une période de trente années, la pleine liberté du transit entre les deux pays et qui les met l'un et l'autre à l'abri, pour un demi-siècle au moins, des abus auxquels pourrait donner lieu l'usage des cours d'eau qui leur sont communs.

On comprend que la satisfaction de l'accord intervenu soit plus grande du côté suédois que du côté norvégien. Nulle part cependant elle n'est sans mélange. La Suède a dû consentir, elle aussi, à des sacrifices dont le sentiment tempère un peu la joie causée par l'issue du conflit. Quant aux Norvégiens, ils se résignent avec peine à la disparition de leurs forteresses et ne savent

[1] Elle ne paraît pas cependant avoir été réglée à la satisfaction des intéressés et pourra donner lieu dans l'avenir à d'assez graves difficultés. Il s'en est produit déjà.

pas voir tous que l'indépendance dont ils vont jouir valait le prix qu'elle leur coûte. Quoi qu'il en soit, on peut s'attendre à ce que les Parlements des deux pays, qui se réuniront, le Riksdag mardi prochain, et le Storthing peut-être plus tôt déjà, ratifient la convention de Carlstad. Quand cette ratification aura eu lieu, la dissolution de l'union sera prononcée et la Suède la notifiera aux puissances.

XIV

La fin de l'Union

Stockholm, 16 octobre 1905.

L'union suédo-norvégienne a vécu. On vient de l'enterrer. Cette après-midi même, après un court débat à la première Chambre, sans un mot à la seconde, le Parlement à l'unanimité a ratifié la convention de Karlstad et autorisé le gouvernement à reconnaître la Norvège comme Etat indépendant. En même temps, la Diète décidait de rendre au drapeau suédois, par la suppression du symbole de l'union, son ancien aspect (croix jaune sur champ azur) sous lequel les soldats de Gustave-Adolphe l'ont fait connaître à l'Europe.

C'est, dans l'histoire de la Scandinavie, une page qui se tourne. L'impression dominante ici me paraît être la mélancolie. En Norvège aussi, on est bien revenu de l'enthousiasme des premiers jours. Les quatre-vingt-dix dernières années ont été pour les deux peuples un temps de paix et de prospérité, durant lequel ils ont réalisé, dans les domaines économique, politique, intellectuel et social, des progrès considérables. On peut se demander si la dissolution leur assurera des conditions de développement aussi favorables. Comme on l'a déjà remarqué fort justement, la séparation fait en tout cas descendre chacun des deux pays, du rang de puissance de deuxième ordre qu'occupait le royaume-uni, à celui d'une puissance de troisième ordre. Et dans l'état actuel de l'Europe, ce résultat déjà est grave.

XV

Le nouveau Riksdag et le nouveau ministère. — Les conséquences politiques de la rupture en Suède.

Stockholm, 8 novembre 1905.

La formation du nouveau ministère est un événement plus qu'ordinaire et qu'il ne faut pas laisser passer inaperçu. Elle marque un point tournant dans l'histoire politique de ce pays. Pour la première fois nous avons un gouvernement libéral et même fortement teinté de radicalisme. C'est qu'aussi les récentes élections pour la seconde Chambre ont accentué encore le mouvement à gauche qui se dessine depuis quelques années dans la vie politique du pays. Les socialistes, de quatre qu'ils étaient, reviennent au nombre de quatorze.

Vous vous souvenez peut-être que les négociations de Karlstad ont été menées du côté suédois par un ministère d'union nationale, où tous les partis se trouvaient représentés et qui avait annoncé d'avance son intention de se retirer dès que serait achevée la tâche pour laquelle il s'était constitué : le règlement du différend avec la Norvège d'une façon honorable pour la Suède.

Lorsque son chef, M. Lundeberg, remit ces jours derniers sa démission au roi, celui-ci le pria néanmoins de conserver ses fonctions. Mais les membres libéraux du cabinet ne crurent pas pouvoir demeurer plus longtemps dans un gouvernement qui ne résoudrait pas la question électorale d'une manière conforme aux vœux de la majorité de la nouvelle Chambre. Les libéraux, d'autre part, ne tenaient pas à prendre le pouvoir, parce que, d'accord pour repousser les projets présentés par les conservateurs, ils n'en ont eux-mêmes aucun sur lequel ils soient sûrs de pouvoir s'unir. Mais il n'y avait pas à reculer et M. Staaff, le chef du parti, qui l'avait représenté dans le cabinet Lundeberg, dut accepter la mission de constituer le ministère.

....

Dans le camp libéral avancé, on fonde sur le nouveau ministère les espérances les plus démesurées. On constate que quatre de ses membres font partie de la seconde Chambre, tandis que la première n'y compte aucun de ses représentants ; et l'on en conclut qu'il est résolu à inaugurer une politique de réforme et de progrès et qu'il conduira le pays à grands pas dans les voies démocratiques. A l'extrême droite, on pousse les hauts cris, au contraire, et c'est vers la révolution sociale qu'on se voit entraîné. M. Staaff et ses collaborateurs ne méritent, sans doute, ni cet excès d'honneur ni cette indignité.

Leur arrivée au pouvoir est un signe des temps. La révolution norvégienne aura certainement sur la vie politique de la Suède une répercussion considérable. Ainsi que me le disait un homme qui occupe une des plus hautes situations dans ce pays, elle aura notamment pour résultat l'introduction du parlementarisme en Suède. Les ministères antérieurs ne s'appuyaient pas sur un parti déterminé, mais pratiquaient une politique d'équilibre entre les deux Chambres et les divers groupes dont elles se composent. Il en était résulté à la longue un affaiblissement du prestige gouvernemental. Le Riksdag manifestait une tendance croissante à modifier l'activité ministérielle même dans les questions secondaires, et le ministère à son tour, constamment gêné dans son initiative, prenait l'habitude de gouverner d'après le principe : il faut bien que je les suive, puisque je suis leur chef. C'est la formation du cabinet Lundeberg qui a jeté les bases du nouveau système. Ce ministère de coalition, où tous les partis se trouvaient représentés et qui avait la confiance de tout le parlement, jouit de ce fait d'une grande autorité. Le ministère Staaff, qui s'appuie sur le parti libéral, en majorité dans la deuxième Chambre, aura pour tâche de gouverner suivant le programme de ce parti. L'application consciente et conséquente de ce principe impliquerait sans doute une diminution de l'influence de la première Chambre au profit de la deuxième, mais aussi la possibilité, pour le gouvernement, de garder, plus que les ministères antérieurs, la direction de la politique.

On le voit, c'est bien une petite révolution aussi qui est en train de s'accomplir.

XVI

La Suède et le deuxième plébiscite norvégien. — Un entretien avec le roi Oscar.

Stockholm, 16 novembre 1905.

Pour la seconde fois en quelques mois, la Norvège vient de procéder à un plébiscite. La première consultation populaire, celle du 13 août, avait pour but de remplir une des conditions mises par la Suède à la dissolution de l'union. Celle qui vient d'avoir lieu a été entreprise sur le désir du Danemark, qui voulait s'assurer que l'élection à la royauté du prince Charles répondrait aux vœux du pays.

Le résultat en était d'ailleurs prévu. On savait parfaitement qu'en l'état actuel des choses, étant donnée l'attitude du gouvernement, qui avait posé la question de confiance au peuple comme au Storthing, et qui avait obtenu pour sa politique le concours actif d'hommes comme Nansen et Björnson, il y aurait une majorité considérable en faveur de la royauté. Les républicains — j'entends ceux qui restaient fidèles à leurs principes et ne les sacrifiaient pas à des raisons d'opportunité, d'ailleurs fort honorables — ne s'attendaient pas eux-mêmes à réunir plus de 70.000 voix. Et c'est précisément le chiffre auquel ils sont parvenus.

*
* *

Nansen prétendait, dans une conversation que vous avez reproduite, que la Suède, pour des motifs égoïstes, faisait des vœux pour la république. C'est là une de ces contre-vérités comme le grand explorateur en a semé passablement dans le monde au cours de cette année. Au contraire, on se montre ici généralement satisfait de la tournure que prennent les événements. Et voici pourquoi : nulle part dans les pays scandinaves, si ce n'est peut-être en Finlande, les luttes des partis ne sont aussi âpres qu'en Norvège, et la proclamation de la république y eût inauguré une ère dangereuse de querelles passionnées, d'agitations et de divisions. Or le pays a un besoin pressant de calme et d'ordre pour réparer ses finances délabrées et pour que la vie économique, paralysée, reprenne un cours normal. C'est ce qu'ont fort bien vu, avec M. Michelsen, les hommes politiques qui, malgré leurs opinions républicaines, se sont rangés à ses côtés, et c'est la raison pour laquelle ils ont préconisé la royauté comme la solution la plus favorable aux intérêts présents de leur peuple.

Mais la Suède, elle aussi, a tout intérêt à ce que sa voisine rentre le plus tôt possible dans des formes de gouvernement régulières et des conditions d'existence normales. Une Norvège affaiblie, déchirée par des rivalités intestines, serait un péril pour toute la péninsule. Et du moment que la couronne de ce pays a été refusée par le roi Oscar pour un prince de sa maison, les Suédois ne pouvaient désirer mieux que de la voir accepter par le petit-neveu de leur souverain. Plutôt celui-là qu'un Allemand ou un Anglais ! On a bien été surpris d'abord et quelque peu blessé de voir un prince de Danemark disposé à monter sur un trône d'où l'oncle de sa mère avait été brutalement chassé. Mais on ne lui en voudra pas longtemps d'une ambition bien compréhensible si, comme il est permis de l'espérer, il travaille à rétablir les bons rapports entre les deux pays. Aussi la démarche du prince royal de Suède, qui vient d'aller à Copenhage, envoyé sans doute par son père pour complimenter le premier celui qui lui prend, après tout, une de ses deux couronnes, est-elle généralement approuvée.

La maison royale de Suède aura ainsi fait preuve jusqu'à la fin d'une abnégation et d'une noblesse d'âme peu communes, et que je tiens à souligner. Votre correspondant a eu récemment l'occasion de s'entretenir avec le roi Oscar et il n'a pu qu'admirer cette admirable possession de soi qui permet aux vieux monarque de parler sans irritation des hommes qui lui ont infligé la plus grande douleur de sa vie. Il y avait de la tristesse dans sa voix, il n'y avait pas de colère. Ce qui l'a le plus affecté, ce sont les calomnies dont il a été l'objet de la part des révolutionnaires norvégiens : « Si au moins, me disait-il en frémissant, ils ne m'avaient pas outragé, on pourrait leur pardonner, mais... » Il n'acheva sa phrase que par un hochement de tête mélancolique. « Le monde civilisé tout entier, répondis-je, a certainement la conviction que

Votre Majesté a voulu agir pour le mieux des deux peuples. » Son visage prit une expression de souffrance. Il me regarda longuement et dit : « En tout cas, j'ai bonne conscience. » Puis il resta pensif un moment, comme s'il repesait ses paroles, et les répéta d'une voix apaisée en me tendant la main : « Oui, j'ai bonne conscience. »

XVII

Cuique suum

On n'a pas assez vu à l'étranger que le Storthing, par sa décision du 7 juin 1905, faisait d'une pierre deux coups, qu'il faut distinguer, si l'on veut mesurer la vraie portée de l'événement.

En déposant le roi, il accomplissait *une révolution intérieure*:

En déclarant dissoute l'union de la Norvège avec la Suède, il créait *un conflit international*.

Ces deux aspects de la question sont inséparables, sans doute, comme l'envers et l'endroit d'une étoffe, mais n'en doivent pas moins être considérés séparément.

Une révolution ! mot magique. Il y a des gens qui, lorsqu'ils le rencontrent, se voilent aussitôt la face ou entrent en fureur; et d'autres qu'il jette invariablement dans des transports d'enthousiasme. L'admiration quand même de ceux-ci n'est pas moins déraisonnable pourtant que l'aversion systématique de ceux-là. Il est facile de trouver dans l'histoire des révolutions légitimes, voire nécessaires. Mais il suffit aussi de jeter un coup d'œil du côté de l'Amérique du Sud, par exemple, pour voir que toutes les révolutions ne sont pas également recommandables.

Voilà pourquoi la question mérite d'être posée : la révolution norvégienne se justifie-t-elle? Apparaît-elle à l'observateur impartial comme l'unique moyen de sortir d'une situation sans issue? — En aucune façon.

En refusant sa sanction à la loi sur les consulats, le roi n'a pas violé la constitution, comme les auteurs de la révolution l'en ont peu noblement accusé : il a usé d'un droit incontestable et que la « loi fondamentale » de la Norvège lui confère en toutes lettres. Depuis le jour où, en séance du Conseil, à la prière qu'il adressait à ses deux peuples de ne jamais « s'en prendre à l'union elle-même de leurs dissentiments », les ministres norvégiens avaient répondu « qu'ils s'étaient permis de déconseiller au roi de faire cette déclaration », Oscar II savait évidemment à quoi s'en tenir sur les conséquences de sa décision. Il ne pouvait pas ignorer qu'il y allait de sa couronne. Comme il est plus qu'improbable qu'il se soit de gaieté de cœur exposé à la perdre, il faut bien admettre qu'il a obéi à des motifs graves et agi dans la pleine conviction qu'il restait dans les limites de ses attributions.

On connaît la thèse que de subtils avocats ont fait accepter au bon peuple norvégien et que le Storthing n'a pas craint de faire sienne. Toute décision du roi doit être contresignée par un ministre. Si donc le cabinet tout entier démissionne plutôt que de prêter son nom à une mesure qu'il désapprouve, et qu'il ne se trouve personne pour prendre aussitôt sa place, le pays se trouve placé par la faute du souverain dans une situation inconstitutionnelle et « le pouvoir royal a, par là même, cessé de fonctionner ». C'est simple, expéditif... et fort ingénieux.

Le malheur pour ce raisonnement est qu'il ne soutient pas l'examen. Dans un pays où le pouvoir législatif est représenté par une Chambre unique et irresponsable, le droit de veto royal est le contrepoids nécessaire, le régulateur indispensable de la vie publique que d'autres peuples ont trouvé dans le système des deux Chambres [1]. Il sert de soupape et de frein ; il prévient les emballements et les coups de tête d'une majorité affolée, et donne à la nation le temps de la réflexion. Et toutefois, il n'entrave pas le progrès, il n'empêche pas les réformes utiles, lorsqu'il est limité du moins, c'est-à-dire suspensif seulement, tel en un mot qu'il existe précisément en Norvège, où la volonté populaire est toujours assurée d'avoir le dernier mot, puisqu'une décision du Storthing, pourvu qu'elle ait été prise trois fois, y acquiert force de loi malgré l'opposition royale [2]. S'il suffisait d'organiser la grève ministérielle, comme l'a fait M. Michelsen, en prenant soi-même la porte et en flétrissant d'avance du nom de sans-patrie quiconque se montrerait disposé à prendre auprès du monarque la place vacante de conseiller,

[1] Ce système, personne, en France, par exemple, et après l'aventure du boulangisme, ne songera, sans doute, à en médire.

[2] C'est ce qui est arrivé notamment pour la loi sur le pavillon, que trois votes successifs du Storthing n'ont pu déterminer le roi à accepter, et qui est néanmoins entrée en vigueur.

ce droit deviendrait absolument illusoire puisque le roi ne pourrait jamais l'exercer.

Non, ainsi que me l'expliquait un des plus éminents juristes de ce pays, qui est, en même temps, un homme de conscience et de caractère, le ministre qui n'approuve pas la décision du roi est néanmoins tenu de la contresigner, quitte à faire au procès-verbal les réserves qu'il juge nécessaires. Cette opinion admise, la démission elle-même revêt déjà le caractère d'un acte révolutionnaire.

Dans le cas actuel, Oscar II pouvait d'autant moins céder aux exigences de M. Michelsen qui prétendait le réduire au rôle de marionnette, d'instrument passif de ses desseins, que toute la procédure suivie par le ministre et par le Storthing, qu'il dominait, était illégale. En adoptant la loi sur les consulats distincts, le Storthing avait stipulé, en effet, que celle-ci entrerait en vigueur dès le 1er avril 1906. C'était préjuger la décision royale, ou pour mieux dire vouloir forcer la main au souverain. La révolution date, en réalité du jour où fut commis cet abus de pouvoir. Indépendamment de l'avis qu'on peut avoir sur le fond de la question, cette clause déjà, qui méconnaissait audacieusement le droit de veto du roi faisait à celui-ci un devoir de refuser sa sanction.

Il est évident, d'autre part, qu'un ministre décidé à quitter son poste, ne peut pas y être maintenu contre son gré. Or, Oscar II n'avait pas accepté la démission de M. Michelsen et de ses collaborateurs, alléguant qu'il lui serait impossible « pour le moment » de former un autre ministère. « Pour le moment » cette restriction que les publicistes norvégiens, le Storthing lui-même passent volontiers sous silence, on ne saurait la souligner avec trop d'insistance. Le temps arrange bien des choses, et il ne s'agissait, pour le roi, comme quelques mois plus tôt pour M. Hagerup que de gagner du temps. Mais de même qu'en faussant compagnie naguère, au chef de la droite, M. Michelsen avait provoqué sa chute, il entrait maintenant dans le plan de l'entreprenant ministre de précipiter les événements, et de faire flèche de tout bois pour atteindre son but.

Les usages parlementaires scandinaves admettent fort bien qu'un ministère démissionnaire reste longtemps encore aux affaires. C'est ainsi qu'en 1892, le Storthing ayant voté la création de consulats distincts pour la Norvège, le ministère de gauche, présidé par Steen, prévoyant que le roi userait de son droit de veto et craignant les conséquences d'un conflit, démissiona avant que le souverain se fût prononcé. Le Storthing suspendit ses séances. Mais un mois plus tard, le roi n'ayant pas réussi à former un ministère de droite, et la situation s'aggravant, le Storthing engagea le ministère Steen « à déférer au désir de Sa Majesté et à retirer sa démission. » Et sait-on par qui cet ordre du jour fut présenté ? — Par le même homme qui, treize ans plus tard, ne voudra pas donner au roi plus de dix jours pour constituer un nouveau gouvernement : par M. Michelsen.

Voici un autre cas plus typique encore, Les élections norvégiennes de 1894 ayant donné la majorité à la gauche, le ministère de droite présidé par M. Stang démissionna au commencement de l'année suivante. La crise fut exceptionnellement longue. C'est jusqu'au 14 octobre, c'est-à-dire pendant plus de neuf mois, que le cabinet démissionnaire dut attendre avant de pouvoir se retirer effectivement. Et il attendit. Personne, à ce moment-là, ne jugea qu'une révolution s'imposait.

N'est-il pas singulier, dès lors, qu'en 1905, M. Michelsen et le Storthing se montrent tout à coup si pressés? Et ne voit-on pas que, sous prétexte de fidélité à la Constitution, ils ont dérogé, en réalité, dans une intention facile à deviner, à des usages dont la Constitution s'était toujours parfaitement accommodée? Leur précipitation même montre bien que la révolution, loin d'être le résultat inévitable de « circonstances plus fortes que la volonté des particuliers » a été préméditée et longuement préparée par ses auteurs.

Quelque interprétation que l'on donne des dispositions constitutionnelles relatives au droit de veto, qu'on adopte ou non celle que nous avons citée plus haut, la ligne de conduite suivie par M. Michelsen ne saurait se justifier.

On peut soutenir que le ministre avait le droit de se retirer, du moment que le souverain refusait de sanctionner la loi sur les consulats. Mais le détrônement du roi, auquel cette démission a servi de prétexte, il est impossible d'en donner une explication satisfaisante. La seule excuse plausible eût été le désir de substituer la république à la monarchie. Mais dès lors qu'on ne voulait pas renverser le trône lui-même, il y avait autre chose et mieux à faire que d'en chasser brutalement un vieillard dont le seul crime était d'avoir agi pour ce qu'il croyait être le bien du pays.

M. Chr. Bruun, dans sa brochure, le dit excellemment : « Lorsque, dans l'histoire d'un peuple, des conflits aigus se produisent entre le pouvoir royal et le pouvoir législatif, il faut s'attendre à ce que des deux parts on recoure aux moyens extrêmes autorisés par la loi et le droit. Il faut s'attendre à ce que le roi dise non, même à une loi votée à l'unanimité. Et le roi doit s'attendre à ce qu'aucun ministre ne consente à contresigner son refus de sanction, et à se trouver ainsi sans gouvernement. Par là même, il est provisoirement mis « hors de fonction ». Mais seulement provisoirement. Le Storthing est obligé alors de nommer un ministère, car il faut bien que le pays ait un gouvernement. Mais dès que le roi est en état d'en former un autre, ce ministère provisoire doit se retirer, et le roi est de nouveau « en fonction ». Voilà ce qu'on appelle se placer sur le terrain légal. Mais profiter de l'instant où le roi se trouve momentanément « hors de fonction » pour lui ravir à jamais sa couronne, c'est violer le droit et la loi. »

*
* *

Au fond, c'est à l'union elle-même qu'on en voulait. Le Riksakt faisait de la Norvège « un Etat libre, indépendant, indivisible et inaliénable [1], uni avec la Suède sous un seul roi. » Et l'on s'imaginait pouvoir, d'un seul trait de plume, rien qu'en proclamant la déchéance du roi, en finir pour jamais avec l'union elle-même.

En réalité, la politique du Storthing dirigé par M. Michelsen infligeait à la Suède une offense dont tout le monde, à l'étranger, n'a pas compris la gravité. Beaucoup n'y ont su voir qu'un « manque de formes » sans importance, une dérogation assez anodine aux exigences de la politesse internationale. L'erreur s'explique par le

[1] Ces deux derniers adjectifs doivent être lus à la lumière des événements passés et rappellent le temps où, à la suite de guerres malheureuses, le Danemark « divisait » la Norvège pour en « aliéner » certaines parties à la Suède.

fait que, dans un conflit entre deux Etats de force inégale, on prend instinctivement parti pour le plus faible. Et puis, l'homme juge différemment toujours les événements dont il n'est que simple spectateur et ceux qui l'affectent lui-même. Jaloux de ses droits, intraitable sur ses intérêts, il prend aisément son parti du tort fait au prochain. Mais soyez certains que les journaux d'Angleterre, de France, d'Allemagne et d'ailleurs, qui ont, au moment de la rupture donné de si sages conseils de modération aux peuples scandinaves, auraient tenu un tout autre langage s'il s'était agi de leur propre pays. Il faudrait tâcher pourtant de juger la situation, non du dehors seulement, mais du dedans aussi.

Les publicistes norvégiens ont toujours beaucoup insisté sur le fait que la Norvège avait dans l'union la position d'un Etat souverain. C'est comme un Etat souverain qu'elle était unie avec la Suède par un traité librement conclu, destiné surtout à garantir la presqu'île scandinave contre les entreprises d'un ennemi éventuel. Le Riksakt avait dès lors, de l'avis même des Norvégiens, le caractère d'un contrat bilatéral et qui ne peut être dénoué que du consentement des deux parties, dans les formes qu'elles ont elles-mêmes prévues et fixées. Quelles sont ces formes régulières ? C'est à un Norvégien toujours que nous le demanderons, à l'un des principaux représentants du parti de l'indépendance, qui a joué dans les événements de ces dernières années un rôle très actif — et pour l'appeler par son nom — à M. Sigurd Ibsen. Un journal suédois ayant, en 1891, proposé la dénonciation du Riksakt, voici ce qu'écrivit alors cet homme d'Etat : « Il ne suffirait pas, pour abroger l'Acte d'union, que la Suède seule le dénonçât. Il faut pour cela la collaboration des autorités législatives norvégiennes ; et cette collaboration... ne peut avoir lieu que dans les formes prescrites pour toutes les modifications de la Constitution. Il s'ensuit que le Riksakt devrait rester en vigueur pendant trois années encore au moins après sa dénonciation par la Suède [1]. »

Habemus confitentem! A moins d'admettre que la Norvège n'avait pas les

[1] Cité par le Dr Anton Nyström : Tankar om unionskrisen, Stockholm 1905.

mêmes obligations que la Suède, il faut reconnaître que ces lignes constituent une condamnation formelle de l'acte du 7 juin.

Voilà donc un pays qui, se dérobant à ses engagements, déchire purement et simplement, le jour où il a cessé de plaire, un traité régulièrement conclu et qui concerne les intérêts les plus graves. C'est un acte qui, dans les relations entre particuliers, disqualifierait son auteur. Et quelle nation tolérerait de la part d'une autre un pareil affront ? Laquelle des grandes ou des petites puissances ne considérerait une telle violation de la parole donnée comme une provocation et comme un cas de guerre ? Nous connaissons tel empereur qui n'en demande pas tant pour menacer de son épée. Et si l'on veut des exemples pris dans les pays d'avant-garde par excellence, nous citerons celui des cantons protestants de la Suisse répondant aux menées séparatistes des cantons catholiques par la guerre du Sonderbund, et celui des Etats-Unis d'Amérique s'opposant par les armes aussi à ce que le Sud se constituât en un Etat distinct.

C'est avec raison que M. Ramstedt, le chef du gouvernement suédois au moment de la rupture, disait en séance du Conseil des ministres : « D'après les principes en usage, la Suède aurait, sans aucun doute, le droit de maintenir au besoin par la force la situation que lui assurent les traités ».

En Norvège même, on ne le conteste pas, d'ailleurs. C'est ainsi qu'un homme d'un esprit pénétrant et d'une conscience droite, M. Thv. Klaveness, qui dirige avec M. Christopher Bruun, une revue estimée *For Kirke og Kultur*, y écrivait tout récemment : « C'est un acte audacieux que nous avons accompli le 7 juin et qui, à vues humaines, conduisait droit à la guerre ». Il n'est pas jusqu'à M. Michelsen qui n'en convienne. Voici, en effet, les franches déclarations qu'il a faites au Sthorthing dans un discours destiné à justifier sa politique : « Nous étions tous pleinement convaincus (avant le 7 juin) de l'extrême gravité de la situation. Nous étions tous préparés à la possibilité de voir notre politique entraîner les suites les plus graves. Nous savions qu'il pouvait s'agir pour notre pays d'être ou de ne pas être, en tant que nation indépendante... Nous ne nous dissimulions pas que la voie par nous choisie conduisait à de grandes difficultés et à de grands périls qu'il était de notre devoir de regarder en face. C'eût été folie de croire que tout pouvait se passer sans risque aucun. »

Ainsi M. Michelsen se rendait compte, il le dit lui-même, que sa politique menaçait de déchaîner sur la Scandinavie les calamités d'une guerre où pouvait sombrer l'indépendance de la Norvège. Consciemment, délibérément, il en a couru le « risque », il a lancé dans cette aventure le pays — son pays — dont les destinées lui étaient confiées. Il passe aujourd'hui, ayant réussi, pour un grand homme et pour un patriote. Mais s'il avait échoué, si les effroyables conséquences qu'il prévoyait lui-même s'étaient produites, c'est le nom de... fauteur d'une politique d'aventures qu'il garderait dans l'histoire.

Le fait est acquis désormais et il importe qu'il soit connu aussi : si, en 1905, le sang n'a pas coulé dans le Nord de l'Europe, si le spectacle d'une lutte fratricide a été épargné au monde, c'est à la Suède seule que le monde le doit.

Or il ne faudrait pas croire qu'il n'en ait rien coûté à la Suède de ne pas « opposer à l'injustice la violence ».

L'idée qu'elle pût avoir peur et qu'elle a fait de nécessité vertu, ne viendra sans doute à personne. Sa population est deux fois et demie plus nombreuse, son armée et sa flotte sensiblement plus fortes que celles de la Norvège. Et elle pouvait être d'autant plus tentée d'user de ses avantages, que le blocus des principaux ports norvégiens, appuyé du côté de la terre par une démonstration un peu vigoureuse, eût suffi peut-être pour amener à composition un pays incapable de se suffire à lui-même et qui, pour sa subsistance, a besoin de la mer. C'est, du moins, l'opinion que m'exprimait un éminent officier de marine.

Aussi n'a-t-il pas manqué de Suédois pour conseiller au gouvernement l'emploi des moyens coercitifs. On criait à l'humiliation et au déshonneur. On réclamait la mobilisation immédiate. On reprochait au ministère son incurie et sa faiblesse, on l'accusait de capituler devant des traîtres. A en croire le parti de la guerre — qui se recrutait parmi les officiers surtout mais non pas exclusivement — rien que du sang pouvait laver l'affront subi par la Suède. [1]

[1] Il y avait, d'autre part, un parti de la paix à tout prix qui, faisant litière de toute dignité,

Si malgré tout, les épées frémissantes sont restées dans le fourreau, l'honneur en revient avant tout au roi Oscar II, au ministère et au parlement qui ont eu le courage de prendre dès le début une attitude nettement pacifique, aussi éloignée d'une lâche abdication des droits du pays que d'une politique inutilement violente. « La réflexion calme, exempte de passion, disait le président du Conseil, M. Ramstedt, montre que le recours à la force ne répondrait pas aux vrais intérêts de la Suède. Il est incontestable que l'union, au cours des quatre-vingt-dix dernières années, a procuré aux deux pays de grands avantages. Mais il est évident aussi qu'une union maintenue par la force... risquerait de faire beaucoup plus de mal que de bien et serait... une cause de faiblesse. »

Ce langage est celui du bon sens même. Mais on avouera que faire prévaloir la voix du bon sens, de la raison calme et réflé-

demandait que la Suède tendît sans autre à la nation qui l'avait offensée, la main de la réconciliation, pardonnât généreusement une injure dont la Norvège n'exprimait ni même ne ressentait aucun regret. Les socialistes y voisinaient avec des « intellectuels » et des chrétiens.

chie, dans des périodes de crise où, l'honneur national étant en jeu, les passions sont surexcitées, n'est chose ni commune ni aisée.

Les pouvoirs publics en Suède ont accompli ce tour de force. L'attitude de la nation tout entière a été d'une admirable dignité. N'est-il pas surprenant que, dans la ville suédoise de Karlstad, les délégués norvégiens — parmi lesquels M. Michelsen, l'auteur principal de la révolution — aient pu, pendant toute la durée des négociations, c'est-à-dire pendant plusieurs semaines, aller et venir librement sans être molestés, sans qu'un seul cri hostile fût poussé contre eux ? La population a donné là une preuve de possession de soi bien digne de celle dont ses gouvernants lui donnaient l'exemple et qu'on n'eût peut-être pas rencontrée ailleurs. Lisez aussi les documents officiels, depuis les déclarations du roi et du prince héritier, ou l'exposé de motifs du projet de négociations du ministère Ramstedt jusqu'à l'Adresse du Riksdag. Impossible de ne pas être frappé de la noblesse d'accent qui les distingue tous. Rien de théâtral ; pas de menaces ; ni gestes pompeux ni phrases sonores, mais un ton constamment grave et digne, dont la simplicité n'exclut pas la fermeté.

C'est un spectacle réconfortant et nouveau.

La Suède a, dans sa glorieuse histoire, deux pages dont elle a le droit d'être fière entre toutes : l'une qu'elle doit au génie de Gustave-Adolphe, l'autre qu'elle vient d'écrire l'an dernier. Tous ceux que fascine encore le vieil idéal guerrier, les soi-disant réalistes, les gens prétendus positifs souriront peut-être de son attitude comme d'une naïveté, et la masse n'en saura pas apprécier la beauté. Aux yeux de la plupart, la noblesse du geste passera inaperçue, les grandes puissances ayant seules le privilège de fixer les regards des foules. Mais les esprits attentifs et impartiaux diront qu'en s'inspirant, dans des circonstances critiques, des principes d'une morale plus haute que celle qui régit, depuis un temps immémorial, les rapports des peuples et que les âges de barbarie nous ont léguée, la Suède a fourni une contribution importante au progrès de la vraie civilisation et bien mérité de l'humanité.

Il y a longtemps que, dans ce pays, en Norvège aussi, je crois, des voix se sont élevées pour demander que, l'an prochain, le prix de la paix soit attribué à Oscar II. Et certes, s'il déférait à ce désir, le Storthing ferait acte de justice.

Toutefois le vieux monarque se consolerait, sans doute de ne point obtenir une distinction pourtant méritée. Il se rappellerait alors les paroles que, lui-même, en 1876, il adressait à son fils aîné, le futur héritier du trône, qui venait d'atteindre sa majorité :

« Puisse le témoignage d'une bonne conscience être toujours ton plus sûr appui ! Si tes efforts pour ce qui est juste et bien ne paraissaient pas d'abord donner de bons fruits, ou si tes intentions se trouvaient, pour un temps, méconnues et dénaturées, n'oublie jamais que le jugement de tes contemporains disparaîtra devant celui de l'histoire, et que le jugement de l'histoire, à son tour, fera place au jugement du Dieu Tout-puissant. »

Appendice

I

Vive le Roi !

On a eu quelque peine à comprendre, en dehors de la péninsule scandinave, que, dans notre siècle de démocratie, la Norvège, ayant fait une révolution, au lieu d'instituer la république, conservât la monarchie. L'étonnement est devenu de l'ahurissement quand on a vu des républicains notoires, parmi les politiciens les plus connus, s'éprendre tout à coup de la royauté et faire campagne pour le maintien du trône.

Il n'est pas douteux que le peuple norvégien lui-même, malgré la fierté avec laquelle il appelle son pays « le royaume de mille ans », n'ait des instincts profondément démocratiques. Comme le disait l'ancien ministre Gunnar Knudsen, si la question de la forme de gouvernement, qu'il a été appelé à trancher le 13 novembre 1905, lui avait été soumise six mois plus tôt, et s'il avait pu se prononcer librement, la monarchie n'eût obtenu qu'un nombre de voix infime.

Pourquoi donc, le jour du plébiscite, une majorité si imposante a-t-elle tourné le dos à la république ? Ce résultat constitue tout simplement une merveille de l'art de créer des courants d'opinion.

On ne peut pas, quand on n'en a pas été témoin, se faire une idée de la somme d'efforts, de l'ingéniosité, de l'habileté, de l'énergie mises en œuvre par les dirigants pour suggérer au corps électoral la réponse qu'il s'agissait de lui faire exprimer. Pendant plusieurs semaines, il a été fait, en faveur de la solution préconisée par le ministère, une agitation intense, à l'américaine. Quiconque était capable de prononcer une harangue ou de tenir une plume est monté sur la brêche. Les chefs se sont multipliés. Et une armée d'orateurs illustres ou obscurs, a porté la bonne parole jusque dans les hameaux les plus reculés. Les poètes mêmes ont donné. Les journaux publiaient des appels versifiés aux citoyens ; et l'on vendait dans les rues une « chanson-oui » qui, sur l'air du chant national, dictait aux électeurs leur devoir.

L'idée républicaine s'est trouvée noyée ainsi sous les flots d'encre, les torrents d'éloquence et les océans d'harmonie qui, de partout, se déversaient sur le pays.

On a fait vibrer toute la lyre des sentiments. En même temps qu'on effrayait les ouvriers par la perspective d'une crise économique dont ils seraient les premiers à souffrir, au cas où la république serait proclamée, on agitait, aux yeux des bons bourgeois, le péril socialiste en représentant le régime républicain comme « une forme de transition » destinée à préparer les voies au collectivisme ; et l'on faisait craindre à toute une catégorie de braves gens que le principe de l'élection une fois admis pour le chef de l'Etat, ne fût bientôt appliqué à tous les fonctionnaires publics. On ne s'est pas fait scrupule — et M. Michelsen lui-même n'a pas reculé devant de perfides insinuations dont il ne pouvait ignorer la fausseté — d'exciter le chauvinisme en affirmant que la Suède faisait des vœux pour la république parce qu'elle profiterait des discussions qu'un changement de régime ne manquerait pas de provoquer en Norvège, et en accusant les adversaires de la monarchie de faire le jeu de l'étranger, de l'ennemi. On a montré aussi — et c'est M. Michelsen encore appuyé par le journal *Verdens Gang*, — les Suédois dévorés de jalousie à la pensée que les Norvégiens auraient bientôt « une maison royale aussi distinguée et aussi estimée que la leur.[1] » Ce sont là des procédés qui manquent rarement leur effet.

Fidèle à sa méthode, le cabinet Michelsen a même usé de l'intimidation. Il n'a pas demandé au peuple de choisir entre la république et la monarchie. Il a commencé

[1] A mots couverts tantôt et tantôt avec une franchise naïve, on a beaucoup exploité cette « distinction ». Les républicains disaient à leurs adversaires : « Passe encore si nous avions une dynastie indigène. Mais vous allez appeler un prince étranger ! » La réponse n'était point aisée pour des gens qui venaient justement d'afficher leur volonté de ne tolérer plus aucun joug étranger. En tout état de cause, l'impression pénible que produit toujours le spectacle de ces princes et de ces princesses qui changent de patrie ou de religion dès qu'ils y trouvent un avantage personnel, devait gêner les partisans de la monarchie. Quelques-uns s'en tiraient par une phrase ronflante comme cet orateur de réunion publique, s'écriant en manière de péroraison : « Lorsqu'il

par prendre de sa propre autorité une décision qu'il a ensuite invité les électeurs à ratifier, annonçant d'avance qu'il se retirerait si l'issue de la consultation populaire ne répondait pas à ses désirs. Etant donnés les usages parlementaires du pays, cette mise en demeure a été considérée comme une menace et l'un des ministres, M. Gunnar Knudsen a cru devoir se démettre de ses fonctions pour ne pas s'associer à un acte de pression indue. La question posée était celle-ci : « Approuvez-vous le Storthing d'avoir donné au gouvernement plein pouvoir pour demander au prince Charles de Danemark de se laisser choisir comme roi de Norvège ? » Placés une fois de plus en présence d'un fait accompli, les élec-

viendra (le futur Haakon VII), il pourra nous dire avec raison : Norvégiens, rien n'est changé par mon élection, sinon qu'il y a un Norvégien de plus (applaudissements unanimes et prolongés ! » Mais la plupart esquivaient l'argument : Pensez donc, disaient-ils, le prince appartient à une famille alliée à presque toutes les maisons souveraines de l'Europe, la princesse est la propre fille du roi d'Angleterre ». Et l'on faisait miroiter aux yeux des bonnes gens l'or de leur fortune, qui bientôt viendrait enrichir le pays.

teurs n'avaient qu'à s'incliner. Dans les circonstances où se trouvait la Norvège, c'était la carte forcée.

Cette liberté que l'on enchaînait ainsi d'avance, il fallait pourtant se donner l'air de la respecter. On a donc pris la peine d'aligner des arguments pour porter la conviction dans les esprits. Nous en avons cités quelque-uns; mais il y en eut beaucoup d'autres, de valeur inégale.

On a surtout invoqué des raisons d'opportunité. On a répété d'abord sur tous les tons que la question de la forme du gouvernement est purement secondaire. « De nos jours, disait M. B. Vogt, il n'y a pas grande différence entre la monarchie et la république. Il en est de la forme du gouvernement comme des vêtements : le plus idéal est celui qui me va le mieux, qui gène le moins la liberté de mes mouvements. Donc Norvégiens, etc ». M. Arctander convenait que « la forme républicaine est la plus idéale » mais il ajoutait qu'on « ne peut pas se servir de l'idéal dans la réalité ». Le républicain idéaliste Björnson parlait de même : « Il ne s'agit pas de mettre ses principes au-dessus des intérêts de la patrie. Que les principes se tirent plutôt d'affaire comme ils pourront. » Tout cela n'est peut-être pas d'une philosophie très relevée ; mais en politique aussi, les aigles sont rares.

Il n'est pas un orateur, sans doute, pas un journaliste, qui ne se soit attendri sur « notre vieille constitution éprouvée », menacée par les républicains. Il était comique d'entendre les principaux auteurs ou apologistes de la révolution, les Nansen, les Michelsen constater avec horreur qu'en mettant un fauteuil présidentiel à la place du trône, on violerait ce vénérable document !

Nous savons ce que nous avons, s'écriait-on. Mais la république, c'est le nouveau, c'est l'inconnu, et l'inconnu, c'est l'effrayant. Le *Morgenbladet* frémissait à la pensée de « l'expérience douteuse » qui consisterait à instituer la république dans un pays qui n'en a jamais eu ! Plus de paix, plus de sécurité pour le travail. Ce serait le signal de luttes politiques violentes et interminables qui paralyseraient la vie économique de la nation.

Le même journal prouvait par l'exemple des républiques antiques et modernes, y compris celui de la France et de la Suisse, que l'unité nationale n'est possible que sous le régime monarchique et que la république est toujours le gouvernement d'une aristocratie.

Il ne convient pas, disait-il encore — ce qui arriverait dans un petit pays où tout le monde se connaît — que les membres de tel club politique soient à tu et à toi avec le chef de l'Etat, ni que l'intérêt public se concentre sur la femme, les enfants et toute la « clique familiale » du président !

Le roi, affirmait un orateur, symbolise l'union et la souveraineté du peuple, tandis qu'un président constitue le centre et le symbole des luttes de partis.

Le *Verdens Gang* démontrait que le parlementarisme, qui est la forme moderne de gouvernement, est né en Angleterre, donc dans une monarchie, et que les républiques qui ont voulu l'importer n'ont produit qu'un système hybride et bizarre, digne de l'époque néo — ou pseudo-classique où l'on bâtissait des églises de la Madeleine dans le style des temples antiques et affublait les hommes d'aujourd'hui de costumes grecs ou romains.

Qui pourrait, d'ailleurs, montrer les bienfaits du régime républicain ? Il n'a que des inconvénients. Il ne favorise ni le patriotisme, ni la liberté, ni l'égalité, ni le travail, ni le bien-être, ni la dignité et la sécurité du pays vis-à-vis de l'étranger. Pas une réforme politique ou sociale qu'on ne puisse obtenir tout aussi bien, sinon mieux en monarchie [1].

La question du prix a fait l'objet de discussions abondantes et passionnées. Les républicains se sentaient sur un terrain solide et en possession d'une arme dangereuse en affirmant que la république coûte moins cher que la monarchie. On leur a prouvé qu'ils se trompaient et qu'un roi est au contraire tout ce qu'il y a de plus avantageux. Vous lui donnez, il est vrai, 750.000 couronnes par an, beaucoup plus qu'à un président. Mais il règne beaucoup plus longtemps aussi. Disons vingt-cinq ans. Il faudrait, pendant ce temps, neuf élections présidentielles qui, à deux millions l'une au moins, reviendraient à dix-huit millions. Et il y a le

[1] Un télégramme de Londres annonçant que la garnison de Santa-Cruz s'est mutinée, est reproduit par le *Verdens Gang* sous la rubrique, en grosses lettres : « Emeute dans une république » !

traitement, il y a les faux frais qui se montent — on n'a pour s'en assurer qu'à voir la Suisse, la France ou les Etats-Unis — à des sommes énormes. Chaque électeur n'aura d'ailleurs — c'est M. Arctander qui a fait ce calcul — pour avoir son propre roi que 33 öre (soit moins de 50 centimes) à payer de plus que ce qu'il donnait au temps de l'union. On le voit, c'est pour rien.

Des gens se sont trouvés pour juger déplacées ces questions de gros sous. Un pasteur écrivait à son journal : « Nous avons le moyen d'avoir un roi à des conditions royales ; ne nous faites donc pas devant le monde entier plus pauvres que nous ne sommes ! »

Björnson seul reconnaît le prix plus élevé de la monarchie. Mais il estime que les avantages du système compensent bien ce surcroît de dépenses. « J'ai fait moi-même l'expérience que ce n'est pas toujours ce qui coûte le moins qui vaut le mieux. »

Dans un discours d'une belle allure, plein de vie et d'entrain, le même poète fait à la république un reproche peu banal. Il l'accuse de n'être pas favorable à l'art.

« Je ne dis pas cela pour la France, qui n'est pas une république, mais un empire en liquidation. Mais aux Etats-Unis et en Suisse, l'art se trouve dans des conditions pitoyables. Les Suisses sont, en général, un peuple sec et plat[1]. »

Inutile de dire que, entre les mains de tous les royalistes, les républiques existantes ont passé un mauvais quart d'heure. On leur a dit crûment leur fait. La plus maltraitée a été celle des Etats-Unis. On a fait un tableau très noir des perturbations que les élections présidentielles apportent dans la vie du pays, des dépenses qu'elles occasionnent, de la corruption qu'elles

[1] Les victimes de ce jugement sommaire pardonneront à Björnson en faveur de sa franchise à l'égard de ses propres compatriotes. Il leur adresse dans le même discours ces paroles qui me paraissent mériter d'être citées : « Un peu plus de distinction ne nous nuirait pas. Il est à souhaiter que nous devenions en premier lieu un peuple honnête et ensuite un peuple ayant plus de délicatesse et d'égards dans ses rapports avec les autres. Les Suédois nous ont reproché de n'avoir pas ces dernières qualités. Je crois, en effet, que ç'a été là une des causes de la séparation. Si la monarchie pouvait nous aider à combler cette lacune, elle nous rendrait un signalé service. »

engendrent et qu'on a dénoncée naturellement comme un fruit du régime lui-même. On a noté aussi que la constitution accorde au président des pouvoirs qui le rendent, au dire de plusieurs, plus autocrate que le tsar.

Quant aux républiques sud-américaines, elles invitent, selon le mot de M. Michelsen, à la réflexion plutôt qu'à l'imitation.

En Europe, on n'a pas manqué de signaler les nombreux défauts de la république française.[1] Mais l'effort principal des royalistes s'est porté contre la Suisse, un petit pays qui a plus d'une analogie avec la Norvège et dont l'exemple était particulièrement séduisant.

A ceux qui croyaient y trouver quelque chose à prendre, M. Michelsen déclarait que cette république est née dans des circonstances historiques si spéciales qu'elle ne saurait servir de modèle. Le professeur Yngvar Nielsen affirmait que les différences de classes y sont bien plus

[1] Björnson raconte que des diplomates français ont donné à la Norvège ce conseil : « Pour l'amour de Dieu, ne choisissez pas la république. Un grand peuple comme nous peut le faire, mais non pas vous ».

tranchées que dans la monarchique Angleterre. Le ministre des affaires étrangères Lövland établissait un parallèle entre le royaume de Danemark qui s'est prodigieusement développé au cours du dernier demi-siècle et la république suisse, qui a marché aussi mais d'un pas plus lent. On a dit les luttes sanglantes de l'histoire de la Suisse au XIXe siècle, les dettes des cantons, etc., etc.

Veut-on maintenant connaître les raisons profondes de cette aversion subite pour une forme de gouvernement qu'on avait tant prônée naguère et de ce subit enthousiasme pour la royauté jadis tant décriée? Nous en avons indiqué quelques-unes plus haut.[1] En voici deux encore, d'une importance capitale.

Et tout d'abord une considération de politique internationale. « Il importe, disait M. Michelsen, au moment où nous entrons dans la société des Etats européens que nous ne fassions rien qui risque de nous isoler. Nos meilleurs amis parmi les hommes d'Etat étrangers nous ont conseillé de conserver notre constitution éprouvée. »

[1] V. page 90.

Et M. Lövland : « Si, à l'époque où le roi Oscar s'est mis hors de fonction, nous avions procédé à une transformation soudaine de notre régime gouvernemental, nous aurions passé dans le monde pour un Etat révolutionnaire, ce qui n'inspire pas confiance. »

En second lieu, une considération absolument décisive de politique intérieure. La révolution ne pouvait réussir que si le gouvernement et le Storthing avaient la nation tout entière derrière eux. Pour obtenir l'appui de la droite, qui faisait du maintien de la monarchie la condition de son concours, la gauche a donc dû, sur ce point, renoncer à son programme. Tout était réglé d'avance entre les chefs ; toutes les discussions provoquées par la question de la forme de gouvernement ont été purement académiques. Le peuple a pu croire qu'on lui demandait de se prononcer ; il n'en a jamais rien été. L'art de ses gouvernants a consisté à lui faire regarder comme l'expression de sa libre volonté ce qui, depuis longtemps, avait été arrêté en dehors de lui. Des personnages officiels l'on dit avec toute la clarté désirable. Voici M. Berner, président du Storthing : « Jamais nous ne serions parvenus à une entente, si nous n'avions pas maintenu la constitution. Jamais, si nous avions laissé mettre en question la forme de gouvernement, nous n'aurions réalisé l'union qui était une condition nécessaire de l'exécution de la grande décision et du recouvrement de la complète indépendance de la Norvège ». Et M. Michelsen n'est pas moins catégorique : « Si nous avions alors (au 7 juin 1905) soulevé la question de la forme de gouvernement, nous n'aurions jamais assemblé autour de nous un peuple unanime, nous n'aurions jamais pu mettre à exécution la décision du 7 juin. Car cette décision ne pouvait être réalisée par un seul parti ; il fallait que ce fût l'œuvre du peuple tout entier ».

Ces déclarations ne jettent-elles pas un jour instructif sur le plébiscite du 13 novembre ? Et ne ressort-il pas de tout ce qui précède que la conviction réfléchie et que les principes n'ont joué qu'un rôle effacé dans le vote populaire ? Mais aussi l'opportunisme qui a présidé à cette consultation nationale et déterminé la réponse avant que la question fut posée, en affaiblit-il singulièrement l'importance et la portée. Il est difficile de croire que, dans les conditions où elle est intervenue, la solution adoptée soit définitive. Les républicains à qui l'on a suggéré de crier : vive le roi ! restent républicains au fond du cœur. Et qui sait ? peut-être s'en souviendront-ils demain. Au lendemain même du referendum, M. Klaveness, dans sa revue, gourmandait les électeurs qui parlaient de l'élection du prince de Danemark comme d'une mesure provisoire et ne considéraient que comme ajourné l'établissement de la république. « Aucun prince, avouait M. Berner, ne pouvait être tenté de devenir roi chez nous..... Il le pouvait d'autant moins qu'il aura dans un avenir rapproché à lutter contre des difficultés ».

Il faut lire cette prophétie à la lumière d'un article que le *Verdens Gang* publiait la veille du plébiscite, le 12 novembre 1905 et qui voulait être une parole de bienvenue : « Le trône du nouveau souverain subsistera aussi longtemps que la maison royale, entourée de Norvégiens seulement et dirigée uniquement par des conseillers norvégiens, servira les intérêts et l'honneur de la Norvège ».

Ces lignes, si j'étais Haakon VII, il me semble qu'elles m'inquiéteraient.

II

Trois brochures norvégiennes

Comme dans toutes les nations protestantes, l'idée religieuse est restée forte dans les pays scandinaves. Les chrétiens convaincus y sont nombreux, dans toutes les classes de la société, et l'influence des pasteurs y est appréciable.

Or, la surprise a été grande, en Suède, de voir que les chrétiens norvégiens approuvaient, par leur silence au moins, l'acte inique et violent qu'a été la révolution du 7 juin.

Avec raison, on a dénoncé cette attitude comme une infidélité à l'esprit de l'Evangile, comme une méconnaissance des principes de justice et de vérité qu'il proclame.

Notre dessein n'est pas d'entrer ici dans le détail des polémiques auxquelles a donné lieu ce « cas de conscience ». Nous tenons à constater seulement que les premières voix qui se sont élevées en Norvège pour confesser publiquement que leur pays s'est rendu coupable d'une violation du droit, pour protester, au nom de la morale outragée, contre les événements de l'an dernier, et pour faciliter ainsi, par l'aveu de la faute, un rapprochement désirable avec la Suède, sont des voix de chrétiens. Il y a là plus qu'une simple coïncidence.

Deux des brochures que nous voudrions signaler à nos lecteurs ont pour titre : *Au peuple norvégien* et pour auteur un des pasteurs les plus éminents et les plus considérés de Christiania, M. Christopher Bruun. La première a été publiée au mois d'août 1905 déjà, dans des circonstances que nous avons indiquées[1] et que la seconde exposera. En voici une pâle analyse :

« Il s'est passé parmi nous, en ces derniers temps, des choses qui ne sont pas bonnes, bien que le peuple les acclame d'un bout à l'autre du pays. » Ainsi débute M. Ch. Bruun. Et après avoir relevé ce qu'il y avait de légitime, à son avis, dans l'indignation des Norvégiens contre les Suédois, il ajoute : « De tout temps de nombreuses injustices ont été commises au nom du patriotisme. Et la puissante explosion de patriotisme provoquée en Norvège par les offenses de la Suède et l'extraordinaire accord des partis norvégiens a dépassé de beaucoup les

[1] Voir page 67.

justes bornes. Tout d'abord du fait de la rupture de l'union... Cette rupture a été une folie, un acte de légèreté. Les deux pays ont besoin de cette union... pour se maintenir dans la lutte pour l'existence... Nul homme éclairé et impartial ne peut nier que la Russie n'ait un besoin réel et pressant de la partie septentrionale de la presqu'île scandinave... Il est vrai que le danger russe a été souvent, dans nos luttes intérieures, exploité par la droite pour affaiblir la gauche. Mais il est incontestable que ce danger existe. Aussi notre devoir, en présence de l'effroyable péril, était-il de maintenir l'union, les inconvénients de celle-ci eussent-ils été beaucoup plus grands même qu'ils ne furent en réalité. Car, malgré ces inconvénients, la Norvège a progressé au cours de ces quatre-vingt-dix dernières années, comme peu de pays ou comme aucun pays en Europe... Mais peu à peu, depuis une génération, on a appris à notre peuple à « haïr et à maudire » (allusion à un vers de M. B. Björnson) le pacte qui était notre meilleur rempart contre le danger. Nous avions à l'extérieur deux tâches, dont l'une, relativement facile, était de revendiquer, vis-à-vis de la Suède, l'égalité de position et de droits. L'autre, dix fois plus difficile, était de faire tout notre possible pour nous mettre en mesure de repousser une agression de la Russie ou de toute autre grande puissance. Le patriotisme norvégien s'est jeté sur la plus facile de ces tâches, en négligeant la plus difficile. Mais cela signifie, une fois encore, que notre patriotisme a manqué de sérieux.

Une bonne partie de la responsabilité revient

à nos chrétiens, à nos piétistes surtout, qui jugeaient la participation à la vie publique de leur pays au-dessous de leur dignité, mais à nos pasteurs aussi qui, pour avoir rompu avec une conception bornée de l'art, de la science, etc. n'en considèrent pas moins les questions politiques comme étrangères au domaine de leur activité. Les cœurs étaient en fête le jour où l'ancien drapeau orné du symbole de l'union fut remplacé par le nouveau. Combien de ceux qui l'acclamaient ont pensé pourtant que celui-ci ne représentait pas le tiers de la puissance de l'autre ?

On dit que les deux pays ne continueront pas moins de se prêter assistance au jour du danger. Belles paroles, que l'événement pourrait bien démentir. La saine raison n'est pas seule à gouverner les nations. Si la Norvège était attaquée par la Russie, la Suède pourrait trouver que son intérêt lui commande de ne pas intervenir dans le conflit. Et si l'attaque était dirigée contre la Suède, il est à craindre qu'il y eût parmi nous beaucoup d' « amis de la paix ». Nous savons bien que le nombre est grand des jeunes gens qui, ce printemps, ont émigré en Amérique.

Même une alliance en règle ne serait pas une garantie suffisante. La diplomatie russe, qui a résolu des problèmes plus difficiles, mettrait tout en œuvre pour la dénouer. La politique qui ne tient pas compte d'une agression possible de la Russie est une politique étourdie et légère.

On a détrôné le roi. Cela aussi était une faute et une injustice. Tout comme un autre, un roi a des droits. On les a violés. Mais il n'est pas plus légitime de prendre à un roi sa couronne qu'à un particulier ce qu'il tient pour précieux. Toute révolution n'est pas condamnable sans doute. Mais Oscar II n'a rien fait qui nous autorisât à le détrôner. Il faut admettre qu'un roi aussi peut se tromper.

On dit que nous ne l'avons pas destitué, qu'il s'est destitué lui-même. Hélas ! ce ne sont pas les avocasseries qui nous ont jamais fait défaut en Norvège.

Le Storthing avait le droit et le devoir de nommer un gouvernement provisoire. Mais celui-ci devait se retirer dès le jour où le roi aurait réussi à constituer un ministère. Profiter dans un conflit constitutionnel de l'instant où le roi se trouve momentanément « hors de fonction » pour lui ravir à jamais sa couronne, est une injustice.

Et le pire, c'est qu'on fausse les consciences en prétendant que le coupable c'est lui. On affirme ou l'on pense que le bien se confond avec la volonté de la majorité. Mais le mal n'est pas changé en bien du fait seulement que la majorité le veut ; Dieu nous préserve de l'esprit qui prend à la légère des obligations consenties !

Les chrétiens sont nombreux parmi nous. Mais s'ils se préoccupent du salut des âmes individuelles dans la vie à venir, ils ne se soucient guère du reste. A les en croire, sauver le pays d'un danger pressant ne les concerne pas. C'est l'affaire du « monde ». C'est le « monde » qui a manqué à ses engagements envers le roi et la Suède ; les « croyants » n'y sont pour rien. Voilà de longues années que cette mentalité abandonne aux mondains et aux libres-penseurs la direction de notre vie publique. Et voici le châtiment. Dans ces jours extraordinaires, les croyants sentent qu'ils doivent prendre leur part de ce qui se passe. Mais ils ont auparavant si peu pensé à ces choses qu'ils n'en connaissent rien aujourd'hui. Ils approuvent alors sans examen les faits et gestes de puissances d'un tout autre ordre.

Je sais, il est vrai, des pasteurs qui ont voulu protester, mais les journaux leur ont fermé leurs colonnes. Beaucoup, néanmoins, sont dans la jubilation ; d'autres, parmi les meilleurs, se taisent ; ou bien ils ne voient pas l'injustice commise.

O peuple de Norvège ! tu as besoin de meilleurs pasteurs et de meilleurs piétistes, d'un christianisme meilleur et plus fort. Tu en as besoin si tu veux posséder le pays que le Seigneur ton Dieu t'a donné, ce beau, ce bon, ce bien-aimé pays.

Tu as besoin d'un christianisme qui ne légitime pas seulement son origine divine en créant une vie de famille bonne et saine, mais en étant aussi, dans la vie publique du pays, le « sel de la terre » ; tu as besoin d'un christianisme capable de relever le niveau de la morale politique sur les points où il s'affaisse, de réformer le caractère du peuple, de l'aciérer en vue des épreuves présentes et à venir, d'un christianisme qui possède, en un mot, la force de faire l'éducation de la nation.

Que Dieu nous donne un tel christianisme, un christianisme viril et sain qui travaille au salut du royaume !

Et Dieu nous le donnera...

Ce sont là d'émouvantes paroles, bonnes à méditer ailleurs encore qu'en Norvège.

La seconde brochure de M. Ch. Bruun, parue en novembre dernier, a été écrite en réponse à diverses attaques dont son auteur avait été l'objet. Nous en reproduisons quelques parties caractéristiques :

L'événement du 7 juin remplit notre peuple de joie. Qu'il n'oublie pas toutefois que, comme le disait Georges Brandès, « il y a en Europe une autre capitale que Christiania où l'on s'en réjouit : c'est Saint-Pétersbourg ». L'écrivain danois ne doute donc pas que la rupture de l'union n'ait été considérée par les hommes politiques à l'étranger comme une faute.

Mais la question a un autre aspect encore. Une grande partie de la presse européenne a vu dans la destitution du roi une violation du droit. M. Gjelsvik lui-même, dont la parole ne semblera pas suspecte, constate que « les juristes étrangers affirment en général que nous avons fait une révolution. » Si cette révolution a été jugée avec assez d'indulgence, c'est, d'une part, parce que tout s'est passé sans effusion de sang, de l'autre, parce que la plupart des autres pays ont des méfaits plus graves encore sur la conscience.

Mais la presse a fait la conspiration du silence autour de tout ce qui ne tendait pas à la glorification de la révolution. « Il y avait au 7 juin plusieurs mois déjà que toute possibilité nous était ôtée, à ceux qui pensaient comme moi et à moi-même, de nous exprimer publiquement. Les journaux refusaient d'insérer nos communications. La censure, dont le joug venait d'être brisé en Russie, était introduite en Norvège. L'opposition fut bâillonnée... Comme il n'y avait pas moyen d'écrire, je désirai parler. Mais tandis qu'une foule d'églises retentissaient d'actions de grâces et de panégyriques en l'honneur du 7 juin, la police ferma devant moi la porte de ma propre église. On m'assura qu'il ne fallait pas parler politique dans un édifice du culte. Et l'on m'informa que si j'avais l'intention de le faire ailleurs, une société de jeunes gens se chargerait de m'empêcher de prendre la parole. J'écrivis alors une petite brochure. Aucun imprimeur ne voulut l'imprimer. J'en trouvai un enfin qui y consentit et la fit composer. Mais lorsque je lui rapportai, le jour suivant, les épreuves corrigées, il se déroba lui aussi. On l'avait, me dit-il, menacé par téléphone. Je fis imprimer en Danemark. Aucun libraire de Christiania n'osa se charger de la vente. Et je pourrais en dire davantage encore.

Il y a des gens qui ont dit : « Nous n'avons pas remarqué qu'on ait entravé la liberté de parole dans ce pays ». Je le crois bien. L'opinion dominante n'a souffert d'aucun frein. Les grands-ducs de Russie et leurs partisans ne remarquent, eux non plus, rien de semblable.

Et ce que l'on a baillonné ici, c'est une opposition *morale*. C'est la discussion, au point de vue moral, de ce qui se passait, qu'on a empêchée, à une heure historique.

On comprend que, dans ces conditions, les journaux aient réussi sans peine à tromper leurs lecteurs sur le véritable état de l'opinion en Europe...

Nous avons détrôné notre roi sans nécessité, sans motif suffisant. Ce fut une injustice. Voilà la vérité dans toute sa simplicité et sa clarté.

Et ce que nous voulions, c'était sortir de l'union. Mais au lieu de tendre à la dissolution de l'union par la voie longue, difficile et incertaine de la légalité, nous avons choisi la plus rapide et la plus commode, la voie de l'injustice. On n'est pas si difficile en politique sur le choix des moyens, quand il y va de ce qu'on croit être le bien de la patrie...

Nous avons commencé déjà à subir la peine de notre faute. Sur l'ordre de la Suède, nous avons dû raser nos forteresses près de la frontière. Et nous avons bien fait d'y consentir. Une guerre, même heureuse, eût été une bien autre calamité.

Dieu veuille nous épargner de pires châtiments ! De grands dangers menacent notre petit pays. Un danger évident, sinon immédiat, venant de l'Est, de la Russie. L'autre qui nous menace à l'Ouest : un état de dépendance, de vassalité à l'égard de l'Angleterre, pareil à celui du Portugal.

Les idées que je viens d'exprimer ne sont pas exclusivement les miennes. Une minorité les partage qui eût été beaucoup plus forte si on ne l'avait mise, dès le début, hors d'état de se faire entendre dans la presse. Elle est complètement impuissante au point de vue politique. Mais on y trouve des hommes de la plus haute intelligence et qui occupent les plus hautes situations.

*
* *

M. Frits Hansen, ancien directeur d'école ou proviseur, est comme M. Bruun, un homme connu et considéré. Il est l'auteur de la brochure dont il nous reste à prendre connaissance et qui a pour titre : Nos pasteurs et le 7 juin.

L'Eglise de Norvège n'a pas pu se tenir à l'écart des événements dont le pays fut le théâtre l'été dernier. Aux pasteurs comme aux généraux, on a mis le marché en main : se soumettre ou se démettre ; il n'y avait pas d'autre alternative. L'Eglise de Norvège a sa part de responsabilité dans ce qui s'est passé. Si c'est à une œuvre de libération, juste, irréprochable, qu'elle a consenti et collaboré, elle s'est rendu digne d'honneur et de reconnaissance. Mais si c'est à un acte de violence et d'injustice, malgré son triomphe momentané, elle portera la peine de son infidélité et verra diminuer son influence dans le pays.

La Norvège a rompu l'union avec la Suède et détrôné le roi. On dit, il est vrai, que ce sont les Suédois qui ont accompli cette rupture, et le roi qui a renoncé à sa royauté. Mais appelons les choses par leur nom ! Le roi n'est pas descendu volontairement de son trône, pas plus qu'il n'a délié ses sujets norvégiens de leur serment de fidélité. La Suède ne désirait pas la dissolution de l'union et ce n'est pas elle qui a violé les traités pour atteindre l'objet de ses désirs.

C'est la Norvège qui a tout fait. A en juger

par le texte de la décision du 7 juin, on pourrait croire qu'elle avait été contrainte de renverser son roi et que la dissolution de l'union n'a été qu'une conséquence inévitable et secondaire de cet acte. Mais en réalité, c'est la dissolution de l'union qui était le but de ses gouvernants, et la destitution du roi, le moyen d'y parvenir. Aucun doute n'est possible à cet égard.

Le ministère disait, le 17 avril, que « la bonne entente entre les deux peuples constitue le fondement de leur union et de leur force, bien plus que les liens créés par les traités et les formes juridiques ». Rien de plus vrai. Mais si l'on voulait dénouer les liens créés par les traités, il fallait le faire de façon à ne pas mettre cette bonne entente en péril. Or, c'est un fait que jamais il n'y a eu moins de cordialité qu'à l'heure actuelle dans les rapports entre les deux pays. Jamais depuis mille ans, le peuple suédois tout entier n'a été animé à l'égard de la Norvège et des Norvégiens de sentiments aussi amers. Nos meilleurs amis en Suède voient dans la conduite de la Norvège, non seulement un acte peu fraternel qui les afflige, mais encore une offense sanglante et une perfide violation du droit, qui les remplit d'indignation. Et il est incontestable que la rupture de l'union constituait un *casus belli*. Les hommes qui en ont pris l'initiative ont détruit ce qui était une garantie de paix et, du même coup, anéanti dans le cœur des Suédois un capital précieux de sentiments d'affection et de bienveillance accumulé par le travail de plusieurs générations.

Le fallait-il vraiment? Etait-il impossible au Storthing d'agir autrement? Etait-il nécessaire de décider que la loi sur les consulats entrerait en vigueur dès le 1er avril 1906, de jeter l'anathème, en les traitant de sans-patrie, contre les hommes qui eussent été d'un avis différent, de vouloir contraindre le roi à agir contre sa conviction, d'accomplir une modification profonde de la Constitution sans observer les délais de rigueur et sans que le peuple ait été consulté, de refuser l'offre de la Suède d'établir le pacte d'union sur la base d'une complète égalité, de faire la révolution sans donner même au roi le temps de chercher une autre solution du conflit, et de publier ensuite par le monde que le droit est tout entier de notre côté et que la faute de tout ce qui est arrivé incombe aux Suédois ? — En aucune façon.

Des scrupules ont été exprimés en Norvège même par trois pasteurs connus et considérés de Christiania, MM. G. Jensen, Christopher Bruun et Klaveness. Christopher Bruun s'est prononcé le plus énergiquement contre l'acte du 7 juin. Klaveness a dit que la Norvège n'aurait pas dû refuser l'offre de négociations faite par la Suède, ni effectuer la rupture avant d'avoir tout tenté pour l'éviter. Si lui et ceux qui pensent comme lui ont néanmoins gardé le silence, c'est parce qu'ils ont été pris par surprise par un « fait accompli ». Il pensait sans doute comme les généraux que la guerre étant désormais inévitable, il importait d'opposer à l'ennemi un peuple uni. Jensen enfin a déclaré qu'il n'était pas satisfait de tout ce qui avait été décidé le 7 juin, que la Norvège aurait dû faire usage de son droit avec plus de patience et qu'il eût fallu employer de meilleurs moyens. On sait, d'ailleurs, malgré le baillon mis à la liberté de parole, que d'autres pasteurs encore ont éprouvé et exprimé des sentiments analogues. Et parmi ceux qui ne sont pas pasteurs, beaucoup estiment que le Storthing a mal agi envers le roi Oscar et le peuple suédois, qu'il a commis à l'égard des Norvégiens aussi un abus de pouvoir en créant un fait accompli sans que le peuple, dont il tenait son mandat, ait eu l'occasion de faire connaître sa volonté. Plus tard on s'est incliné devant ce qui ne pouvait plus être défait, et vu la situation critique où les gouvernants avaient jeté le pays. Avec un peu de patience nous aurions pu obtenir peu à peu, par la voie des négociations, tout ce que nous souhaitions. Mais nous paraissons avoir oublié tout ce que nous devons à de nobles amis suédois. Nous avons agi dans un moment de colère et d'indignation et ressemblé ainsi à ce roi qui gravait les offenses reçues dans le marbre, tandis qu'il écrivait les bienfaits sur le sable. Nous nous sommes conduits envers nos frères suédois d'une façon méchante et brutale.

Si ces scrupules ont pu être comprimés et l'unanimité désirée atteinte, c'est surtout à l'Eglise de Norvège, à son caractère et à son organisation d'Eglise d'Etat qu'on le doit.

Le primat de cette Eglise, l'évêque de Christiania, M. Bang, un ami personnel du roi Oscar, a formulé sa manière de voir dans une réponse « aux chrétiens suédois ». Il paraît croire qu'il n'avait pas comme pasteur le droit d'avoir une opinion personnelle sur la décision du 7 juin. Il part de ce principe que toute autorité vient de Dieu et que le Storthing est une autorité aussi bien que le roi. Un conflit s'étant élevé entre ces deux pouvoirs, l'évêque ne trouve pas dans l'Ecriture de règles sur la conduite à tenir par l'Eglise. Comme chrétien, dit-il, nous ne savons pas qui a raison ou tort. Peu importe, d'ailleurs. « Même si nous avions été convaincus que le tort était du côté du Storthing », nous nous serions, dès l'instant où le Storthing avait triomphé et fondé un nouvel état de choses, « loyalement inclinés », cet état de choses venant, dès lors, de Dieu. « Mais la soumission nous a été facilitée par le fait que les plus grandes autorités juridiques du pays ont déclaré que le Storthing était dans son plein droit ». L'évêque ajoute pourtant qu'il sentait que quelque chose s'était brisé en lui, et que tout l'effort d'une longue vie s'en était allé en fumée.

M. Hansen soumet le sophisme épiscopal à une critique serrée qu'il est sans doute superflu de reproduire ici. Il constate qu'il est difficile d'aller plus loin ou plus bas dans l'abdication de soi-même et que Luther n'aurait pas tenu ce langage. — Puis il s'en prend aux pasteurs qui ont trop docilement obéi au mot d'ordre que leur donnaient leurs supérieurs. Après le 7 juin, les prières pour la famille royale disparurent de la liturgie ; les prédicateurs affirmaient que Dieu lui-même avait tout dirigé. Quelques-uns préférèrent dire que le lien s'était rompu, comme si cette rupture s'était faite d'elle-même, toute seule, sans que personne eût donné le moindre coup de ciseaux. Il s'agissait de faire accepter à la multitude des braves gens des actes extraordinaires et violents. Il fallait donc les accomoder à une sauce douce. Et l'on sait comment, à l'aide de la sauce, un cuisinier un peu habile réussit à ôter aux choses leur vrai goût pour lui en substituer un autre.

Les pasteurs Jensen et Klaveness, qui ont fait, sans doute, des réserves importantes mais qui estiment qu'une fois la révolution accomplie, il n'y avait rien a faire qu'à accepter le nouvel état de choses, une protestation après coup risquant même d'éloigner le peuple de l'Eglise et du christianisme, reçoivent, pour le manque de franchise et de clarté de leur attitude, leur part de blâme. Mais l'auteur s'élève surtout contre la violence faite à un pasteur qui, de l'aveu de tous, est un homme de conscience et de conviction, M. Christopher Bruun. Ses qualités intellectuelles, son caractère et son activité antérieure lui permettaient d'arriver à une opinion personnelle sur une question de droit comme celle dont il s'agissait, et l'on pouvait être certain qu'il resterait, envers et contre tous, fidèle à sa conviction. Mais le gouvernement révolutionnaire, qui cherchait des hommes, ne voulait pas d'un homme de cette trempe. Tous les moyens furent mis en œuvre pour le mater ; le ministre lui-même le fit mander, et s'imaginant que si son collègue de la guerre avait pu dompter ses généraux, il viendrait bien à bout, lui, de ce petit pasteur, il lui enjoignit sévèrement de se taire. L'événement lui donna tort. On fit alors marcher la police. Cela se passait en juin 1905 dans la capitale de la Norvège ! Il paraît même que le ministre des cultes voulait suspendre son subordonné récalcitrant. Mais M. Michelsen, plus avisé, s'y serait opposé en disant : « Grand merci, nous n'avons pas de place pour des martyrs ! »

Traiter ainsi en ennemi de la société un homme coupable seulement de ne pas partager l'opinion de la majorité, est une lourde faute. Celui qui, soutenu par les cris de la foule, croit avoir le droit de la commettre, parce qu'il détient momentanément le pouvoir, remporte une victoire dont les suites pourront être désastreuses pour lui-même et pour ses héritiers. Cet épisode sera, un jour, aux yeux de l'historien impartial, de la plus grande importance pour l'appréciation du coup d'Etat et de son caractère moral.

Jamais, si les auteurs de la révolution n'avaient trouvé, pour lui confier le ministère des cultes, un pasteur connu, et si l'évêque de Christiania avait eu le courage de faire entendre une énergique protestation, les événements de juin n'eussent été possibles.

Il s'agit maintenant de chercher à rétablir les bons rapports avec la Suède. Ce ne sera pas payer trop cher un tel résultat, si nous sommes contraints de reconnaîtr que nous avons agi envers nos anciens alliés plus mal que la plupart d'entre nous le croient ou veulent le croire. La nature même oblige les deux peuples à vivre côte à côte, à travailler ensemble et à rester unis pour la défense commune. Nous avons besoin l'un de l'autre. Or, ce n'est pas seulement le sentiment de l'offense subie qui est profond en Suède. Mais c'est encore l'estime de ce pays pour le nôtre et pour notre moralité qui se trouve gravement compromise. C'est une situation à laquelle il doit être porté remède. Le triomphe de la vérité dans notre patrie aussi l'exige. Le fardeau peut devenir dangereux à porter de ces actes fondés sur une base juridique qui se dérobe. La première question qu'on se pose actuellement dans notre vie publique est la question de savoir comment on obtiendra une majorité ; on ne s'informe guère de ce qui est juste et vrai. Et une fois l'acte accompli, on prétend que les Norvégiens, non seulement s'inclinent, mais défendent et glorifient ce qui a été fait. Le grand nombre accorde si facilement sa confiance au vainqueur ! La façon dont on a présenté les événements de l'été dernier ne rappelle en rien celle du juge qui s'enquiert impartialement de la vérité, mais plutôt celle de l'avocat dont la tâche consiste à placer son client, par tous les moyens possibles, dans une lumière favorable. On travaille ainsi à ruiner dans notre peuple les fondements mêmes de la morale. Il est temps que la nation examine sa conduite à la lumière de la vérité. Il s'agit de démasquer le mensonge pour sauver notre vie elle-même.

*
* *

Honneur aux hommes qui osent tenir à leurs concitoyens, ce noble et courageux langage !

TABLE DES MATIÈRES

CAHORS, IMPRIMERIE A. COUESLANT. — 8.519

www.ingramcontent.com/pod-product-compliance
Ingram Content Group UK Ltd.
Pitfield, Milton Keynes, MK11 3LW, UK
UKHW021116220726
13924UKWH00004B/1750

9 782019 939304